di Cris Hangelin

La vita di Jeanne Bécu, Contessa du Barry

Da Cameriera a Cortigiana

Italienisch-Deutsch
Stufe B1

Impressum

La vita di Jeanne Bécu, Contessa du Barry Da Cameriera a Cortigiana di Cris Hangelin

Gestufte Italienische Lesebücher, Band 21

Homepage www.audiolego.com

Images by studio Audiolego and Freepik

Contenuti
Inhaltsverzeichnis

Wiedergabegeschwindigkeit der Audiodateien

Das Buch ist mit den Audiodateien ausgestattet. Mithilfe von QR-Codes kann man im Handumdrehen eine Audiodatei aufrufen, ohne Webadressen manuell eingeben. Öffnen Sie ihre Kamera-App und halten ihr Smartphone über den gedruckten QR-Code. Ihr Smartphone erkennt was sich hinter dem Code verbirgt und bittet Sie dem eingescannten Audiodateilink zu folgen. Es ist empfehlenswert, den VLC-Mediaplayer zu verwenden, die Software, die zur Steuerung der Wiedergabegeschwindigkeit der Audiodateien verwendet werden kann.

INTRODUZIONE
Einführung

Die Audiodatei

Ti racconto la storia di una umile ragazza che una volta cresciuta divenne uno dei membri più influenti della corte reale francese. All'inizio del XVIII secolo, la Francia era un regno magnifico, noto per i suoi lussuosi palazzi e castelli. Potresti aver sentito parlare del Re Sole, noto anche come Luigi il Grande?

Luigi XIV (1638 - 1715) era visto dal suo popolo come un miracolo, un dono celeste di Dio. E lui stesso credeva che questo rendesse il suo dominio sconfinato. Per questo motivo si concentrò sulla crescita del suo potere e sul miglioramento del suo regno. Fece molte riforme significa-

Lassen Sie mich Ihnen die Geschichte eines ganz gewöhnlichen Mädchens erzählen, das zu einem der einflussreichsten Mitglieder des französischen Königshofs heranwuchs. Zu Beginn des 18. Jahrhunderts war Frankreich ein prächtiges Königreich, das für seine luxuriösen Schlösser und Burgen bekannt war. Vielleicht haben Sie schon vom Sonnenkönig gehört, auch bekannt als Ludwig der Große?

Ludwig XIV. (1638 - 1715) wurde von seinem Volk als Wunder, als himmlisches Geschenk Gottes angesehen. Und er selbst glaubte, dass dies seine Herrschaft grenzenlos machte. Also, konzentrierte er sich darauf, seine Macht zu vergrößern und sein Königreich zu verbessern. Er führte viele bedeutende Reformen durch

tive e costruì il Palazzo di Versailles. Questo grande palazzo simboleggiava i suoi successi. Quando morì nel 1715, lasciò al pronipote Luigi XV (1710 - 1774) un regno fiorente. Ben presto le cose iniziarono a cambiare.

È durante il regno di Luigi XV che inizia realmente la nostra storia. Jeanne Bécu nacque nel 1743 e, se le cose fossero andate come di consueto, avrebbe dovuto vivere la vita di una qualsiasi popolana molto tranquilla e senza importanza. Era una figlia illegittima, sua madre era una sarta non sposata all'epoca. Una ragazza dal padre sconosciuto e senza sangue reale non avrebbe mai dovuto sperimentare i lussi dell'élite. Ma il destino aveva altri piani per lei.

und baute auch das Schloss von Versailles. Dieser großartige Palast symbolisierte seine Erfolge. Und als er 1715 starb, hinterließ er seinem Urenkel Ludwig XV. (1710 - 1774) ein blühendes Königreich. Bald jedoch begannen sich die Dinge zu ändern.

Während der Regierungszeit Ludwigs XV. beginnt unsere eigentliche Geschichte. Jeanne Bécu wurde 1743 geboren und hätte, wenn die Dinge so gelaufen wären, wie sie normalerweise verlaufen wären, ein sehr ruhiges und unbedeutendes Leben als Bürgerin geführt. Sie war ein uneheliches Kind, ihre Mutter war damals eine unverheiratete Näherin. Ein Mädchen ohne bekannten Vater, ohne königliches Blut, hätte niemals den Luxus der Elite erfahren dürfen. Doch das Schicksal hatte andere Pläne mit ihr.

Jeanne Bécu sfidò tutte le probabilità e si trasformò da una comune cameriera in una cortigiana desiderata. Poi catturò l'attenzione di Luigi XV e divenne Madame du Barry, una nobile dama e amante del re. La loro fu una storia d'amore, soprattutto da parte del re. Jeanne non riuscì a ottenere tutto questo da sola. Fu aiutata dal suo vecchio amante Jean-Baptiste (1723 - 1794), Conte du Barry, che in seguito sarebbe diventato suo cognato.

Nonostante i lussi che le furono concessi in quanto dama e amante del re, la sua vita a corte non fu sempre facile. Sebbene avesse alcuni alleati e amici, aveva anche molti nemici. Il più importante eraMaria Antonietta, che la disprezzava a causa delle sue

Jeanne Bécu trotzte allen Widrigkeiten und verwandelte sich zunächst von einer gewöhnlichen Magd in eine begehrte Kurtisane. Und dann erregte sie die Aufmerksamkeit von Louis XV und wurde Madame du Barry, eine Dame mit Titel und die Mätresse des Königs. Es war eine Liebesaffäre, besonders von Seitens des Königs. All das hat Jeanne nicht allein erreicht. Sie hatte etwas Hilfe von ihrem alten Liebhaber Jean-Baptiste (1723 - 1794), Comte du Barry, der später ihr Schwager werden sollte.

Trotz des Luxus, der ihr als Dame und Mätresse des Königs zuteil wurde, war ihr Leben am Hof nicht immer einfach. Während sie einige Verbündete und Freunde hatte, hatte sie auch viele Feinde. Die bemerkenswerteste ist Marie Antoinette, die sie wegen ihrer gemeinsamen Herkunft und

umili origini e dei suoi modi immorali. La trasformazione di Jeanne in una nobildonna la portò poi a fare una fine orribile durante i terrori della Rivoluzione Francese. La sua vita avrebbe potuto essere poco importante, ma invece fu una delle figure storiche più influenti del suo tempo.

ihrer unmoralischen Art verachtete. Jeannes Verwandlung in eine Dame mit Titel führte später auch zu ihrem schrecklichen Ende während der Schrecken der Französischen Revolution. Ihr Leben hätte ein unwichtiges sein können, stattdessen war sie eine der einflussreichsten historischen Persönlichkeiten ihrer Zeit.

Un umile inizio
Ein bescheidener Anfang

Era una calda notte d'agosto in una piccola città chiamata Vaucoulers nel 1743. La maggior parte dei cittadini dormiva, raccogliendo le forze per la settimana successiva. Tuttavia, alcune persone erano ancora sveglie nonostante la tarda ora. Amanti che si incontravano con la scusa della notte. Vagabondi in cerca di un posto dove stare. E in una minuscola camera da letto, una futura madre che si lamentava per le doglie del parto mentre la sorella faceva da ostetrica.

"Non manca molto. Ci sei quasi, Anne, ci sei quasi", disse

Es war eine warme Augustnacht in einer kleinen Stadt namens Vaucoulers im Jahr 1743. Die meisten Bürger schliefen und sammelten Kraft für die kommende Woche. Einige Leute waren jedoch trotz der späten Stunde noch wach. Liebende treffen sich unter dem Deckmantel der Dunkelheit. Landstreicher auf der Suche nach einer Bleibe. Und in einem winzigen Schlafzimmer weinte eine werdende Mutter in Geburtswehen, während ihre Schwester als Hebamme fungiert.

„Nicht mehr lange. Du hast es fast geschafft, Anne, fast geschafft", sagte die Schwester. Sie war ein hübsch aussehendes

la sorella. Era una ragazza dall'aspetto grazioso, con occhi gentili e capelli chiari, ma la donna in travaglio era molto più bella. Anche i capelli scompigliati, le lacrime di dolore e le gocce di sudore non potevano nascondere il fatto che fosse una bellezza mozzafiato.

"Non ce la faccio più! Voglio solo che finisca, Hélène. Fa così male", gridò Anne. Era sdraiata sul letto con indosso solo la sua camicia da notte bianca. I lunghi capelli biondi le incorniciavano il viso a forma di cuore. Gli occhi erano ben chiusi, come se cercasse di sfuggire al dolore in quel modo.

"Stai andando così bene; non ci vorrà molto. Vedo già la testa", la consolò Hélène. E, tenendo fede alle sue parole, po-

Mädchen mit freundlichen Augen und blondem Haar, aber die Frau in den Wehen war so viel hübscher. Sogar das unordentliche Haar, die Tränen des Schmerzes und die Schweißtropfen konnten nicht darüber hinwegtäuschen, dass sie eine atemberaubende Schönheit war.

„Ich halte das nicht mehr aus! Ich will nur, dass es vorbei ist, Hélène. Es tut so weh", schrie Anne. Sie lag nur in ihrem weißen Nachthemd auf ihrem Bett. Langes, blondes Haar umrahmte ihr herzförmiges Gesicht. Ihre Augen waren fest geschlossen, als ob sie versuchte, dem Schmerz auf diese Weise zu entkommen.

„Du machst das so gut; es wird nicht lange dauern. Ich kann den Kopf schon sehen", tröstete Hélène sie. Und getreu ihren Worten war ein paar Minuten später ein anderer Schrei zu hö-

chi minuti dopo si sentì un altro tipo di grido. Il vagito di un bambino appena venuto al un mondo.

Sentendo il rumore, Anne sospirò e lacrime di felicità e sollievo iniziarono a scorrere sulle sue guance. Dopo aver ripreso fiato, aprì gli occhi per vedere cosa stava facendo sua sorella. Hélène stava avvolgendo con cura il bambino in una calda coperta color crema mentre canticchiava dolcemente una ninna nanna.

"Cos'è?" Anne chiese e attese con il fiato sospeso la risposta.

"Una figlia. Hai una figlia, mia cara sorella. Oh, ed è bella come te!".

Il viso di Anne si illuminò di felicità quando sentì la risposta. Aveva desiderato una dolce

ren. Das Weinen eines Babys, das gerade in einer hellen und kalten Welt angekommen war.

Als Anne das Geräusch hörte, seufzte sie und Tränen der Freude und Erleichterung begannen, ihre Wangen hinabzufließen. Nachdem sie ein paar beruhigende Atemzüge genommen hatte, öffnete sie ihre Augen, um zu sehen, was ihre Schwester tat. Hélène wickelte das Baby sorgfältig in eine warme, cremefarbene Decke, während sie leise ein Schlaflied summte.

„Was ist es?" fragte Anne und wartete mit angehaltenem Atem auf eine Antwort.

„Eine Tochter. Du hast eine Tochter, meine liebe Schwester. Oh, und sie ist eine Schönheit wie du!"

Annes Gesicht leuchtete vor Glück auf, als sie die Antwort hörte. Sie hatte sich nach einem

bambina che sarebbe diventata la sua piccola principessa. Naturalmente avrebbe amato anche un maschio, se fosse arrivato. Ma Anne credeva di essere in grado di crescere meglio una bambina che un bambino. Dopotutto, anche lei una volta era stata una bambina.

"Fammela vedere", chiese con impazienza. La stanchezza causata da un parto lungo e doloroso fu dimenticata per un momento mentre aspettava con impazienza di avere sua figlia tra le braccia.

"Certo", disse Hélène e poi si rivolse alla neonata. "Ecco qui, cara. Sei pronta a conoscere la tua mamma?". Poi pose la bambina con cura tra le braccia di Anne che la aspettava.

Anne guardò sua figlia con stupore. La sua bambina era

süßen Mädchen gesehnt, das ihre eigene kleine Prinzessin werden würde. Natürlich hätte sie sich auch über einen Jungen gefreut, wenn einer gekommen wäre. Aber Anne glaubte, ein Mädchen besser erziehen zu können als einen Jungen. Schließlich war sie selbst einmal ein kleines Mädchen gewesen.

„Lass mich sie sehen", forderte sie eifrig. Die Müdigkeit der langen und schmerzhaften Geburt war für einen Moment vergessen, als sie ungeduldig darauf wartete, ihre Tochter in ihren eigenen Armen zu halten.

„Natürlich", sagte Hélène und gurrte dann zu dem Neugeborenen. „Hier bitte, kleiner Schatz. Bist du bereit, deine Mutter kennenzulernen?" Dann legte sie das Baby vorsichtig in Annes wartende Arme.

Anne sah ihre Tochter verwundert an. Ihr Baby war hypno-

ammaliante, come un piccolo angelo. Con gli occhi azzurri e le guance rosee. Capelli chiari, un bel nasino e una pelle morbida come la seta. Dieci delicate dita delle mani e dei piedi. Come aveva fatto a creare un tale miracolo e a portarlo dentro di sé per nove mesi? E come aveva potuto mantenere sua figlia innocente e perfetta come lo era la piccola in quel momento?

"Oh, mio dolce, piccolo angelo. Sono la tua mamma. Come ti amo già così tanto!". Anne mormorò dolcemente a sua figlia mentre accarezzava delicatamente la guancia della piccola. Hélène osservò in silenzio il prezioso momento tra madre e figlia prima di porre una domanda che le era rimasta in mente per tutta la notte.

tisierend, wie ein kleiner Engel. Mit hellblauen Augen und rosigen Wangen. Helles Haar, eine süße Nase und seidig weiche Haut. Zehn zarte Finger und Zehen. Wie war es ihr gelungen, ein solches Wunder zu erschaffen und es neun Monate lang in sich zu tragen? Und wie konnte sie dafür sorgen, dass ihre Tochter so unschuldig und perfekt blieb, wie die Kleine in diesem Moment war?

„Oh mein süßer kleiner Engel. Ich bin deine Mutter. Ich liebe dich jetzt schon so sehr!" murmelte Anne leise zu ihrer Tochter, während sie sanft die Wange der Kleinen streichelte. Hélène beobachtete schweigend den kostbaren Moment zwischen Mutter und Tochter, bevor sie eine Frage stellte, die sie die ganze Nacht beschäftigt hatte.

"Hai pensato ai nomi?".

"Avevo bisogno di vederla prima di scegliere. Voglio che il nome le si addica perfettamente, se lo merita. Merita un nome adatto a una signora".

La risposta di Anne fece sospirare Hélène. Anche se capiva che le parole di elogio della sorella nei confronti della bambina erano giustificate, conosceva anche sua sorella. Anne aveva la cattiva abitudine di vivere con la testa tra le nuvole in mezzo ai sogni e di dimenticare i fatti concreti della vita quotidiana.

Non era stato così preoccupante quando sua sorella viveva da sola, ma ora era l'unica responsabile di un'altra persona. Una persona che non sarebbe stata in grado di badare a se stessa ancora per molto tempo.

„Hast du an Namen gedacht?"

„Ich musste sie sehen, bevor ich mich entschied. Ich möchte, dass der Name perfekt zu ihr passt, das hat sie verdient. Sie verdient einen Namen, der einer Dame angemessen ist."

Annes Antwort ließ Hélène seufzen. Obwohl sie verstand, dass die lobenden Worte ihrer Schwester für das Kind berechtigt waren, kannte sie ihre Schwester auch. Anne hatte die schlechte Angewohnheit, mit ihrem Kopf in den Wolken zu leben und die harten Fakten des Alltags zu vergessen.

Es war nicht so besorgniserregend gewesen, als ihre Schwester allein lebte, aber jetzt war sie allein für eine andere Person verantwortlich. Eine, die noch lange nicht für sich selbst sorgen konnte. Hélène machte sich Sorgen

Hélène era preoccupata per sua nipote e per come lo stile di vita di Anne avrebbe influenzato il futuro della cara bambina. Soprattutto quando la vita della bambina era iniziata con uno scandalo scioccante, ma sua sorella sembrava aver dimenticato questo piccolo dettaglio.

"Ma non è una signora. Né sarà mai una signora. Non importa quanto sia cara a te, a me e alla nostra famiglia. È una bambina umile e senza padre".

"Non essere sciocca. Certo che ha un padre!". Anne protestò a gran voce. Il brusco rumore improvviso fece spaventare la figlia e la bambina ricominciò a piangere.

Rendendosi conto di aver spaventato la bambina, Anne si tranquillizzò immediatamente e iniziò a cullarla dolcemente

um ihre Nichte und wie sich Annes Lebensstil auf die Zukunft des kleinen Schatzes auswirken würde. Vor allem, als das Leben des Mädchens mit einem schockierenden Skandal begonnen hatte, aber ihre Schwester dieses kleine Detail anscheinend vergessen hatte.

„Aber sie ist keine. Sie wird auch nie eine Dame sein. Egal, wie lieb sie dir, mir und unserer Familie ist. Sie ist ein gewöhnliches Mädchen und eines ohne Vater.“

„Sei nicht albern. Natürlich hat sie einen Vater!“ Anne protestierte lautstark. Das plötzliche grelle Geräusch erschreckte ihre Tochter und das Baby fing wieder an zu weinen.

Als Anne merkte, dass sie ihr Kind erschreckt hatte, beruhigte sie sich sofort und fing an, das

per farla addormentare tra le sue braccia. Hélène aspettò che la piccola si calmasse prima di continuare con calma la loro conversazione. Non voleva ferire i sentimenti della sorella. Voleva solo far capire ad Anne le conseguenze che le sue azioni precedenti e future avrebbero potuto avere sulla vita della bambina.

"Non ufficialmente, non è così. Tutti sapranno che è illegittima. Non importa dove andrà. E la tratteranno peggio per questo. Lo sai bene, Anne; l'hai visto accadere innumerevoli volte. E il tuo frate decaduto non sarà in grado di aiutare né te né lei nei momenti difficili".

"Ha promesso di fare del suo meglio".

"Il suo meglio non è abbastanza. Non sei più sola, Anne.

Baby sanft in ihren Armen in den Schlaf zu wiegen. Hélène wartete, bis sich die Kleine beruhigt hatte, bevor sie ihre Unterhaltung ruhig fortsetzte. Sie wollte die Gefühle ihrer Schwester nicht verletzen. Sie wollte Anne nur klar machen, welche Folgen ihre früheren und zukünftigen Handlungen für das Leben des Babys haben könnten

„Nicht offiziell, tut sie nicht. Jeder wird wissen, dass sie unehelich ist. Egal wohin sie geht. Und sie werden sie deswegen schlechter behandeln. Das weißt du, Anne; du hast es unzählige Male gesehen. Und dein hinfälliger Bruder wird dir oder ihr in schwierigen Zeiten nicht helfen können.“

„Er hat versprochen, sein Bestes zu geben.“

„Sein Bestes ist nicht gut genug. Du bist nicht mehr allein,

Devi pensare anche a lei. Ha bisogno di una casa stabile, di sicurezza e di cibo a sufficienza per crescere. Tu, mia cara, sei una sarta trentenne non sposata che ama e vive liberamente. Guadagni a malapena abbastanza per le tue necessità".

Le parole calme e ragionevoli di Hélène ebbero l'effetto desiderato. Anne fece una pausa e pensò a tutto quello che aveva detto sua sorella. Non voleva che sua figlia vivesse nello squallore. Voleva una bella vita per il suo dolce angelo. Così fece voto a se stessa che avrebbe fatto tutto il possibile perché ciò accadesse. La sua bambina sarebbe cresciuta come una donna forte.

Questo pensiero la fece sorridere mentre guardava la figlia addormentata. Forte, bella e

Anne. Du musst auch an sie denken. Sie braucht ein stabiles Zuhause, Sicherheit und genug Nahrung, damit sie wachsen kann. Du, meine Liebe, bist eine 30-jährige unverheiratete Schneiderin, die liebt und frei lebt. Man verdient kaum genug Geld für den eigenen Bedarf."

Hélènes ruhige und vernünftige Worte hatten die gewünschte Wirkung. Anne hielt inne und dachte über alles nach, was ihre Schwester gesagt hatte. Sie wollte nicht, dass ihre Tochter im Elend lebte. Sie wollte ein gutes Leben für ihren süßen Engel. Also hat sie sich geschworen, alles dafür zu tun, was sie kann. Ihr Baby würde zu einer starken Frau heranwachsen.

Der Gedanke brachte sie zum Lächeln, als sie auf ihre schlafende Tochter hinunterblickte.

coraggiosa. Queste erano le qualità che voleva che la sua bambina avesse. Nella sua mente immaginava la sua bambina ormai cresciuta, che cavalcava indipendente per i prati con i capelli biondi mossi dal vento. Improvvisamente seppe quale nome avrebbe dovuto avere la sua bambina. Sperava che potesse servire da ispirazione per la bambina in futuro.

"Troverò qualcosa di meglio. Lavorerò di più. Jeanne non morirà di fame".

"Jeanne?"

"Sì, il suo nome è Jeanne. Jeanne Bécu".

La bambina sembrò essere d'accordo con la scelta del suo nome, perché in quel momento aprì gli occhi e guardò con meraviglia la madre e la zia. Entrambe le donne le sorrisero

Stark, schön und mutig. Das waren die Eigenschaften, die sie ihrem Baby geben wollte. In Gedanken stellte sie sich ihr Baby vor, ganz erwachsen, wie es selbstständig durch die Wiesen ritt, die blonden Haare im Wind wehten. Plötzlich wusste sie, welchen Namen ihr Mädchen bekommen sollte. Sie hoffte, dass es später als Inspiration für das Kind dienen würde.

„Ich werde etwas Besseres finden. Ich werde härter arbeiten. Jeanne wird nicht verhungern."

„Jeanne?"

„Ja, ihr Name ist Jeanne. Jeanne Becu."

Das Baby schien mit der Wahl ihres Namens einverstanden zu sein, als sie in diesem Moment die Augen öffnete und ihre Mutter und Tante verwundert ansah. Beide Frauen lächelten sie sanft

dolcemente.

"Sapete, potreste venire entrambe con me a Parigi. Ci sarebbero più possibilità per entrambe nella grande città", disse Hélène alla sorella. Le sarebbe piaciuto vedere la piccola crescere e, tenendole entrambe vicine, avrebbe potuto assicurarsi che Anne fosse un genitore responsabile. Ma Anne non era molto contenta dell'idea. Amava la libertà che le offriva la sua città natale.

"Parigi? Non credo proprio".

La dura risposta infranse le speranze di Hélène.

"Beh, se mai dovessi cambiare idea, sai dove trovarmi".

an.

„Weißt du, ihr könntet beide mit mir nach Paris kommen. In der großen Stadt gäbe es für euch beide mehr Möglichkeiten", sagte Hélène zu ihrer Schwester. Sie hätte den Kleinen gerne aufwachsen sehen, und indem sie beide nahe beieinander hielt, konnte sie sicherstellen, dass Anne ein verantwortungsbewusster Elternteil war. Aber Anne war mit der Idee nicht sehr zufrieden. Sie liebte die Freiheit, die ihr ihre Heimatstadt bot.

„Paris? Ich denke nicht."

Die schroffe Antwort machte Hélènes Hoffnungen zunichte.

„Nun, falls du jemals deine Meinung änderst, weißt du, wo du mich findest."

CAPÍTOLO 2

Grandi cambiamenti
Große Veränderungen

Ci vollero un paio d'anni, ma alla fine Anne cambiò idea sul trasferimento a Parigi. La vita con la piccola Jeanne era stata a volte abbastanza impegnativa, ma nel febbraio del 1747 ebbe un altro figlio, un maschio. Non avendo il sostegno dei padri dei suoi figli, dovette ammettere a se stessa che aveva bisogno di aiuto.

Così, nella tarda primavera dello stesso anno, impacchettò le loro pochecose e disse addio ai suoi vecchi amici. Da un lato era entusiasta della prospettiva di vivere nella capitale, dall'altro si sentiva un po' scoraggiata. Sapeva anche che il lungo viaggio attraverso la campagna

Es dauerte ein paar Jahre, aber Anne überlegte es sich schließlich anders, nach Paris zu ziehen. Das Leben mit der kleinen Jeanne war zeitweise herausfordernd genug gewesen, aber im Februar 1747 bekam sie ein weiteres Kind, einen Jungen. Da sie nicht die Unterstützung der Väter ihrer Kinder hatte, musste sie sich eingestehen, dass sie Hilfe brauchte.

So packte sie im späten Frühjahr desselben Jahres ihre mageren Habseligkeiten und verabschiedete sich von ihren alten Freunden. Einerseits freute sie sich auf die Aussicht, in der Hauptstadt zu leben, und andererseits fühlte sich alles ein wenig beängstigend an. Sie wusste auch,

francese sarebbe stato duro e faticoso, soprattutto per i suoi figli.

E su questo aveva ragione. La carrozza in cui viaggiavano era piccola, semplice e angusta, ma era la migliore che poteva permettersi di noleggiare. Anne cercò di cullare il suo bambino agitato per farlo addormentare mentre la sua primogenita, Jeanne, si immergeva nel paesaggio che cambiava. Era la prima volta che la bambina si allontanava così tanto da casa e lo trovava spaventoso ed eccitante allo stesso tempo.

"Mamma, dove stiamo andando?". Si rivolse alla madre con aria dubbiosa.

"Andiamo a Parigi, Jeanne", rispose Anne sorridendo alla figlia.

"Perché?"

dass die lange Reise durch die französische Landschaft hart und anstrengend werden würde, besonders für ihre Kinder.

Und damit hatte sie recht. Die Kutsche, in der sie reisten, war klein, schlicht und eng, aber es war das Beste, was sie sich leisten konnte. Anne versuchte, ihren aufgeregten kleinen Jungen in den Schlaf zu wiegen, während ihre Erstgeborene Jeanne in die wechselnde Landschaft eintauchte. Es war das erste Mal, dass das Mädchen so weit weg von zu Hause war, und sie fand es sowohl beängstigend als auch aufregend.

„Mama, wo gehen wir hin?" Sie wandte sich fragend an ihre Mutter.

„Wir fahren nach Paris, Jeanne", antwortete Anne und lächelte ihre Tochter an.

„Warum?"

"Andremo a vivere con tua zia Hélène. Vive a Parigi".

Jeanne annuì ricordando che sua madre le aveva raccontato alcune storie sulla zia Hélène e su Parigi. Sua madre le aveva detto che era una città molto grande e importante. C'erano molte grandi case e palazzi. Re e regine avevano vissuto lì in un grande palazzo.

"Ma perché la zia Hélène vive a Parigi?". Chiese poi Jeanne.

"Lavora per una donna che è la moglie del bibliotecario del re. Pensa un po', mio dolce angelo. Il bibliotecario del re!".

Il bibliotecario del re? Pensò Jeanne. Sembrava un lavoro importante. Nella sua mente vedeva palazzi e stanze enormi piene di libri antichi. Il bibliotecario avrebbe vissuto nel pa-

„Wir werden bei deiner Tante Hélène wohnen. Sie lebt in Paris.“

Jeanne nickte, als sie sich daran erinnerte, dass ihre Mutter ihr einige Geschichten über Tante Hélène und Paris erzählt hatte. Es sei eine sehr große und wichtige Stadt, hatte ihre Mutter gesagt. Es gab viele große Häuser und Villen. Könige und Königinnen hatten dort irgendwann in einem großen Palast gelebt.

„Aber warum lebt Tante Hélène in Paris?“ fragte Jeanne als nächstes.

„Sie arbeitet für eine Frau, die die Frau des Bibliothekars des Königs ist. Stell dir das vor, mein süßer Engel. Der Bibliothekar des Königs!“

Der Bibliothekar des Königs? dachte Jeanne. Es klang nach einer wichtigen Arbeit. Vor ihrem geistigen Auge sah sie Paläste und riesige Räume voller alter Bü-

lazzo con il Re? In quale altro modo avrebbe potuto prendersi cura di tutti quei libri? Ma presto i pensieri di Jeanne vennero interrotti quando sua madre continuò a parlare.

"Tua zia Hélène si starà divertendo molto laggiù. E ha gentilmente invitato anche noi a vivere con lei. Non ti sembra divertente?". Anne chiese a Jeanne entusiasta.

"Sì, mamma. Ma cosa faremo lì?".

"Beh, la tua mamma deve trovare un qualche tipo di lavoro. La gente ha sempre bisogno di sarte. E tu, angelo mio, avrai nuovi bei vestiti e potrai anche andare a scuola quando sarai un po' più grande".

"E Claude?"

"Anche il tuo fratellino andrà a scuola quando sarà più

cher. Würde der Bibliothekar mit dem König im Palast wohnen? Wie sonst sollte er sich um all diese Bücher kümmern? Doch schon bald wurden Jeannes Gedanken unterbrochen, als ihre Mutter weitersprach.

„Deine Tante Hélène muss es dort drüben sehr schön haben. Und sie hat uns freundlicherweise eingeladen, auch bei ihr zu wohnen. Klingt das nicht nach Spaß?" fragte Anne aufgeregt Jeanne.

„Ja, Mutter. Aber was machen wir dort?"

„Nun, deine Mama muss sich irgendeine Arbeit suchen. Menschen brauchen immer Näherinnen. Und du, mein Engel, wirst neue hübsche Kleider haben und vielleicht sogar zur Schule gehen, wenn du etwas älter bist."

„Was ist mit Claude?"

„Dein kleiner Bruder wird auch zur Schule gehen, wenn er

grande. Fino ad allora, ci divertiremo insieme. Potremmo anche vedere il Re in persona!".

Per Jeanne, l'idea di vedere un giorno il Re era molto eccitante. Amava ascoltare le storie dei reali e spesso aveva giocato a fare la principessa con le sue amiche. Per il resto del viaggio concentrò tutte le sue energie nel guardare i panorami che cambiavano, nella speranza di scorgere un palazzo o i reali.

Ma per quanto si sforzasse di guardare, non vide nulla che avesse a che fare con la corona durante il viaggio. Certo, vide molti bei palazzi man mano che si avvicinavano alla loro destinazione, ma c'erano anche molte persone e carrozze in giro. Tutti andavano di fretta. L'aria non era più fresca come in campagna e non si sentiva

älter ist. Bis dahin werden wir gemeinsam Spaß haben. Vielleicht sehen wir sogar den König selbst!"

Für Jeanne war die Vorstellung, eines Tages den König zu sehen, so aufregend. Sie liebte es, Geschichten über die Royals zu hören, und sie hatte oft Prinzessinnen mit ihren Freunden gespielt. Für den Rest der Reise konzentrierte sie ihre ganze Energie darauf, die wechselnden Sehenswürdigkeiten zu betrachten, nur in der Hoffnung, dass sie vielleicht einen Blick auf einen Palast oder die Royals erhaschen würde.

Aber so sehr sie auch hinsah, sie sah auf ihrer Reise nichts, was mit der Krone zu tun hatte. Sicher, sie sah viele schöne Gebäude, je näher sie ihrem Ziel kamen, aber es waren auch viele Menschen und Kutschen unterwegs. Alle waren so in Eile. Die Luft war nicht mehr so frisch wie auf dem Land und man konnte

nemmeno il canto degli uccelli, perché i rumori della città soffocavano tutto il resto. Era un grande cambiamento rispetto alla vecchia città natale di Jeanne.

Ci volle un po' di tempo, ma dopo qualche mese Jeanne si era abituata alla nuova vita nella grande città. Si stava rapidamente trasformando in una piccola parigina felice ma poi, all'improvviso, tutti gli altri sembrarono perdere la loro allegria. Jeanne notò che sua madre e sua zia erano diventate tristi e preoccupate mentre prima erano così felici. Avendo solo quattro anni, il cambiamento la confuse e la spaventò. Poi una sera intravide sua madre che singhiozzava con il cuore spezzato tra le braccia di un uomo sconosciuto.

nicht einmal die Vögel singen hören, da die lauten Geräusche der Stadt alles andere übertönten. Es war eine große Veränderung in Jeannes alter Heimatstadt.

Es dauerte eine Weile, aber ein paar Monate später hatte sich Jeanne an ihr neues Leben in der Großstadt gewöhnt. Sie verwandelte sich schnell in eine fröhliche, kleine Pariserin, aber plötzlich schienen alle anderen ihre Fröhlichkeit zu verlieren. Jeanne bemerkte, wie ihre Mutter und Tante traurig und besorgt wurden, obwohl sie zuvor so glücklich gewesen waren. Da sie erst vier Jahre alt war, verwirrte und verängstigte sie die Veränderung. Und dann erhaschte sie eines Abends einen Blick auf ihre Mutter, die untröstlich in den Armen eines fremden Mannes schluchzte.

"Zia Hélène, perché mamma sta piangendo?". Jeanne sussurrò a Hélène mentre la zia la trascinava a letto. La domanda fece soffermare Hélène e poi sospirare mentre si sedeva accanto a Jeanne sul letto.

"Oh, piccola cara. Le manca il tuo fratellino", rispose Hélène, sorridendo tristemente mentre accarezzava i capelli della nipote.

"Ma dov'è Claude?" Chiese Jeanne, confusa.

"Era troppo fragile per questo mondo, Jeanne. Così ora è andato in cielo ed è diventato un angelo. Da lì veglierà su di te", disse Hélène a Jeanne con dolcezza, mentre alcune lacrime le scendevano sulle guance.

"Perché non posso essere anch'io un vero angelo?".

La domanda innocente su-

„Tante Helene, warum weint Mama?" Jeanne flüsterte Hélène zu, als ihre Tante sie ins Bett zog. Die Frage ließ Hélène innehalten und dann seufzen, als sie sich neben Jeanne auf ihr Bett setzte.

„Ach, kleiner Schatz. Sie vermisst deinen kleinen Bruder", antwortete Hélène und lächelte traurig, während sie das Haar ihrer Nichte streichelte.

„Aber wo ist Claude?" fragte Jeanne verwirrt.

„Er war zu zerbrechlich für diese Welt, Jeanne. Jetzt ist er also in den Himmel gekommen und ein Engel geworden. Er wird von dort aus auf dich aufpassen", sagte Hélène sanft zu Jeanne, ein paar Tränen liefen ihr über die Wangen.

„Warum kann ich nicht auch ein echter Engel sein?"

Die unschuldige Frage entlockte Hélène ein kleines Lachen,

scitò una piccola risata da parte di Hélène, anche se altre lacrime le scesero. Si prese un momento per raccogliere i suoi pensieri e poi rispose con voce rotta.

"Non è ancora il tuo momento. Tu, mia cara, devi vivere la tua vita al massimo. E poi, quando arriverà il tuo momento, potrai raccontare tutto al tuo fratellino. Devi essere felice per il bene suo e della tua mamma. Mi capisci, Jeanne?" Chiese Hélène, guardando seriamente negli occhi la nipote.

"Sì, zia Hélène. Ma chi era quell'uomo con mamma?".

"Monsieur Rançon. È un... caro amico di tua madre".

Jeanne sapeva che sua madre aveva molti cari amici che a volte andavano a trovarli e di solito facevano arrossire e ride-

obwohl auch noch mehr Tränen flossen. Sie brauchte einen Moment, um ihre Gedanken zu sammeln, und antwortete dann mit gebrochener Stimme.

„Es ist noch nicht deine Zeit. Du, meine Liebe, musst dein Leben in vollen Zügen genießen. Und dann, wenn deine Zeit gekommen ist, kannst du deinem kleinen Bruder alles darüber erzählen. Du musst für ihn und deine Mutter glücklich sein. Verstehst du mich, Jeanne?" fragte Hélène und sah ihrer Nichte ernst in die Augen.

„Ja, Tante Hélène. Aber wer war dieser Mann mit Mama?"

„Monsieur Rançon. Er ist ein … lieber Freund deiner Mama."

Jeanne wusste, dass ihre Mutter viele liebe Freunde hatte, die sie manchmal besuchten, was Anne normalerweise zum Erröten und Lachen brachte. Jeannes

re Anne. Il preferito di Jeanne era un monaco della loro vecchia città natale. Era sempre stato gentile con lei e spesso le raccontava storie divertenti e interessanti. A volte Jeanne sentiva un po' la sua mancanza.

"Come il frate?" Jeanne chiese alla zia.

"Speriamo di no. Ma ora, cara, è il momento di andare a dormire. Sogni d'oro, mia cara".

Per settimane, dopo quella sera, la loro vita domestica fu calma e silenziosa. Non c'erano più notti in cui Jeanne si svegliava sentendo i lamenti del fratello. Non lo sentiva più gorgogliare o fare piccoli versimentre giocava nel pomeriggio. Sua madre era stranamente silenziosa e il suo sorriso sembrava sempre triste, per quanto

Liebling von ihnen war ein Mönch in ihrer alten Heimatstadt gewesen. Er war immer nett zu ihr gewesen und hatte ihr oft lustige und interessante Geschichten erzählt. An manchen Tagen vermisste Jeanne ihn ein wenig.

„Wie der Mönch?" Jeanne fragte dann ihre Tante.

„Hoffentlich nicht. Aber jetzt, kleiner Schatz, ist es Zeit, schlafen zu gehen. Träum süß, Liebes."

Für Wochen nach diesem Abend war ihr Leben zu Hause bedrückend und ruhig. Es gab keine Nächte mehr, in denen Jeanne aufwachte und ihren Bruder klagen hörte. Sie hörte ihn nicht mehr gurgeln oder gurren, wenn sie nachmittags spielte. Ihre Mutter war seltsam still und ihr Lächeln schien immer traurig zu sein, egal wie sehr Jeanne ver-

Jeanne cercasse di rallegrarla. Nemmeno Monsieur Rançon, che passava sempre più tempo con loro, riusciva a far ridere Anne.

suchte, sie aufzuheitern. Selbst Monsieur Rançon, der immer mehr Zeit mit ihnen verbrachte, brachte Anne nicht zum Lachen.

CAPÍTOLO 3

Il gusto del lusso
Ein Hauch von Luxus

Ci volle un po' di tempo ma lentamente, con il passare dei mesi, la madre di Jeanne sembrò lasciarsi alle spalle il dolore e riacquistò un po' del suo vecchio splendore. Jeanne amava vedere sua madre felice e sentirla ridere di nuovo, anche se c'erano ancora giorni in cui tutti sentivano la mancanza di Claude. Ma presto ebbero un motivo per festeggiare. Monsieur Rançon aveva chiesto ad Anne di sposarlo e lei aveva detto sì.

Si sposarono poco dopo e improvvisamente Jeanne ebbe un patrigno. Non era del tutto sicura di come si sentisse al riguardo. Da un lato aveva avuto

Es dauerte einige Zeit, aber im Laufe der Monate schien Jeannes Mutter ihren Kummer loszulassen und etwas von ihrem alten Glanz zurückzugewinnen. Jeanne liebte es, ihre Mutter fröhlich zu sehen und sie wieder lachen zu hören, obwohl es immer noch Tage gab, an denen sie alle Claude vermissten. Doch schon bald hatten sie Grund zum Feiern. Monsieur Rançon hatte Anne einen Heiratsantrag gemacht und sie hatte Ja gesagt.

Sie heirateten kurz darauf und plötzlich hatte Jeanne einen Stiefvater. Sie war sich nicht ganz sicher, wie sie sich dabei fühlte. Einerseits hatte sie ihre Mutter fast ihr ganzes Leben lang

la madre tutta per sé per la maggior parte della sua vita, ma dall'altro papà Rançon, come le era stato chiesto di chiamarlo, sembrava un uomo gentile. Non era divertente come il frate, ma non era male.

Proprio quando Jeanne si era abituata alla sua nuova vita con due genitori, il destino decise di intervenire. Al patrigno fu offerta una grande opportunità di lavoro che avrebbe comportato molti viaggi. E anche se non significava un addio definitivo, lei e sua madre sarebbero state di nuovo sole. Ma anche se Jeanne non lo sapeva in quel momento, il destino aveva altri piani per lei.

"Jeanne, c'è una persona che vorrei farti conoscere", disse Anne un pomeriggio.

Aveva portato Jeanne con sé

ganz für sich gehabt, andererseits schien Papa Rançon, wie sie ihn nennen sollte, ein netter Mann zu sein. Er war nicht so lustig wie der Mönch, aber er war in Ordnung.

Gerade als Jeanne sich an ihr neues Leben mit zwei Eltern gewöhnt hatte, beschloss das Schicksal einzugreifen. Ihrem Stiefvater wurde eine großartige Arbeitsmöglichkeit angeboten, die viele Reisen beinhalten würde. Und auch wenn es kein endgültiger Abschied bedeutete, sie und ihre Mutter würden wieder allein sein. Doch obwohl Jeanne es damals nicht wusste, hatte das Schicksal auch andere Pläne mit ihr.

„Jeanne, ich möchte, dass du jemanden kennenlernst", sagte Anne eines Nachmittags.

Sie hatte Jeanne mitgenom-

per fare delle commissioni e lungo la strada erano finite in una grande casa di città dove erano state indirizzate in una specie di biblioteca.

"Questo è Monsieur Dumonceaux. Ti ricordi perché papà Rançon è partito per la Corsica? Monsieur Dumonceaux ha gentilmente dato al tuo patrigno quella meravigliosa opportunità. E ha anche offerto a tua madre un meraviglioso posto di lavoro per un suo caro amico", Anne presentò a sua figlia l'uomo dai capelli scuri seduto dietro un'imponente scrivania.

L'uomo si alzò e girò intorno alla scrivania per inginocchiarsi davanti a Jeanne.

"È un piacere conoscervi finalmente, Mademoiselle Bécu. Che bellezza che siete! Du-

men, um einige Besorgungen zu erledigen, und unterwegs waren sie in einem großen Stadthaus gelandet, wo sie zu einer Art Bibliothek geleitet worden waren.

„Das ist Monsieur Dumonceaux. Erinnerst du dich, warum Papa Rançon nach Korsika gegangen ist? Monsieur Dumonceaux gab Ihrem Stiefvater freundlicherweise diese wunderbare Gelegenheit. Und er hat Ihrer Mutter auch eine wunderbare Stelle angeboten, die für einen lieben Freund von ihm arbeitet", stellte Anne ihrer Tochter den dunkelhaarigen Mann vor, der hinter einem beeindruckenden Schreibtisch saß.

Der Mann stand auf und kam um seinen Schreibtisch herum, um sich vor Jeanne zu knien.

„Es ist mir eine Freude, Sie endlich kennenzulernen, Mademoiselle Bécu. Was für eine

monceaux, al vostro servizio", disse e chinò un po' il capo.

Jeanne era piuttosto turbata dall'improvvisa attenzione. Non aveva mai incontrato un uomo così autorevole come Monsieur Dumonceaux e non era sicura di dover parlare o meno. Alla fine, un tocco di guida da parte di sua madre la portò ad agire di conseguenza.

"Merci, Monsieur", disse timidamente Jeanne facendo un piccolo inchino.

"Aveteuna figlia meravigliosa, Anne. È davvero affascinante. Sono sicuro che passerete dei momenti meravigliosi con Madame Frédérique", disse Dumonceaux alla madre di Jeanne alzandosi di nuovo.

Così Jeanne e sua madre lasciarono la casa della zia Hélène e si trasferirono nelle loro

Schönheit du bist! Dumonceaux, zu Ihren Diensten", sagte er und neigte ein wenig den Kopf.

Jeanne war ziemlich nervös von der plötzlichen Aufmerksamkeit. Sie war noch nie einem so imposanten Mann wie Monsieur Dumonceaux begegnet und war sich nicht sicher, ob sie sprechen sollte oder nicht. Schließlich brachte sie eine leitende Berührung ihrer Mutter dazu, entsprechend zu handeln.

„Merci, Monsieur", sagte Jeanne schüchtern und machte einen kleinen Knicks.

„Du hast eine wundervolle Tochter, Anne. Sie ist ein ziemlicher Charmeur. Ich bin sicher, Sie alle werden eine wunderbare Zeit mit Madame Frédérique haben", sagte Dumonceaux zu Jeannes Mutter, als er wieder aufstand.

Und so verließen Jeanne und ihre Mutter die Wohnung von

piccole stanze nell'alloggio della servitù di Madame Frederique. Passò un anno e la piccola Jeanne amava la sua vita a Parigi. La perdita del fratello stava diventando un ricordo lontano, anche se a volte lo ricordava ancora nelle sue preghiere serali. L'energia della bambina di sei anni si concentrava sull'apprendimento di nuove cose e sull'osservazione dei datori di lavoro di sua madre e dei loro eccitanti amici. Madame Frederique divenne rapidamente il suo idolo.

Madame Frederique era una popolare cortigiana parigina e amante di Monsieur Dumonceaux. Era una donna minuta con capelli ramati e setosi, pelle chiara e liscia e occhi verdi. Anche se grazie al suo lavoro era diventata piuttosto ricca, per Anne non era una datrice

Tante Hélène und zogen in ihre eigenen winzigen Zimmer in Madame Frederiques Dienstbotenquartier. Ein Jahr verging, und die kleine Jeanne hatte ihr Leben in Paris lieben gelernt. Der Verlust ihres Bruders wurde zu einer fernen Erinnerung, obwohl sie sich manchmal noch in ihren Abendgebeten an ihn erinnerte. Die Energie der Sechsjährigen konzentrierte sich darauf, Neues zu lernen und die Arbeitgeber ihrer Mutter und deren aufregende Freunde zu beobachten. Madame Frederique wurde schnell zu ihrem Idol.

Madame Frederique war eine beliebte Pariser Kurtisane und eine Geliebte von Monsieur Dumonceaux. Sie war eine zierliche Frau mit seidigem, kastanienbraunem Haar, blasser, glatter Haut und grünen Augen. Obwohl sie durch ihre Arbeit ziemlich wohlhabend geworden war,

di lavoro convenzionale. Non si curava delle formalità e prese subito Jeanne sotto la sua ala protettrice, lasciando che la ragazza la osservasse mentre si preparava per i vari eventi. Permise persino a Jeanne di provare alcuni dei suoi prodotti di bellezza.

A Jeanne piacque molto. Era come vedere come vivevano le principesse. Così, quando lei e sua madre andarono a trovare zia Hélène, le raccontò tutto quello che aveva imparato, sperimentato e visto. Ad esempio, aveva ottenuto il permesso di provare alcuni dei profumi di Madame. E che a volte Madame Frederique lasciava che il suo parrucchiere acconciasse anche i capelli di Jeanne. E quanto fossero belli gli abiti di Madame. Il loro materiale era così morbido. Jeanne lo sapeva

war sie für Anne keine herkömmliche Arbeitgeberin. Sie kümmerte sich nicht um Formalitäten und nahm Jeanne sofort unter ihre Fittiche und ließ das Mädchen ihr zusehen, wie sie sich für ihre verschiedenen Veranstaltungen fertig machte. Sie erlaubte Jeanne sogar, einige ihrer Schönheitssachen auszuprobieren.

Jeanne hat alles gefallen. Es war, als würde man sehen, wie Prinzessinnen lebten. Als sie mit ihrer Mutter Tante Hélène besuchte, erzählte sie ihr alles, was sie gelernt, erlebt und gesehen hatte. Zum Beispiel, wie sie die Erlaubnis bekam, einige von Madames Parfums auszuprobieren. Und wie manchmal Madame Frederique ihren Friseur auch Jeannes Haare machen ließ. Und wie schön Madames Kleider waren. Ihr Material war so weich. Jeanne wusste das, weil sie sie

perché aveva avuto modo di toccarli.

La vita di Madame Frederique sembrava così meravigliosa e bella che Jeanne voleva essere come lei da grande. Raccontò il suo nuovo sogno alla zia Hélène, che rimase molto sorpresa dalla notizia. Hélène non osò dire nulla alla nipote, ma si ripromise di parlarne con Anne. L'idea che la sua piccola e innocente nipote diventasse una cortigiana era assurda. Così, più tardi, mentre Jeanne sonnecchiava, Hélène si avvicinò finalmente ad Anne.

"È saggio, Anne? Lasciare che la piccola Jeanne passi così tanto tempo con quella cortigiana?", chiese Hélène alla sorella.

"Cosa vuoi dire? Che male può fare? Lei si diverte, Hélè-

berühren durfte.

Madame Frederiques Leben schien so wunderbar und schön, dass Jeanne so sein wollte, wenn sie aufwuchs. Sie erzählte Tante Hélène von ihrem neuen Traum, die von der Nachricht ziemlich überrascht war. Hélène wagte es nicht, ihrer Nichte etwas über das Thema zu sagen, versprach aber, mit Anne darüber zu sprechen. Die Vorstellung, dass ihre kleine, unschuldige Nichte eine Kurtisane werden könnte, war absurd. Später am Tag, als Jeanne ein Nickerchen machte, ging Hélène schließlich auf Anne zu.

„Ist das klug, Anne? Die kleine Jeanne so viel Zeit mit dieser Kurtisane verbringen zu lassen", fragte Hélène ihre Schwester.

„Was meinst du? Was könnte es schaden? Sie hat Spaß, Hélène. Sie ist jeden Tag so auf-

ne. Ogni giorno è così allegra e frizzante", rispose Anne, confusa.

"Sogna di diventare una cortigiana! So che hai vissuto liberamente, ma vuoi davvero che tua figlia porti con sé questa vergogna?".

"Se questo la portasse dove è ora Madame Frédérique, allora perché no? Si prenderebbe cura di lei. Avrebbe dei lussi che noi non avremo mai", cercò di spiegare Anne.

"E otterrebbe tutto questo andando a letto ogni notte con mascalzoni, ubriaconi e giocatori d'azzardo! Commetterebbe peccati ogni giorno", ribatté Hélène.

"La Chiesa potrebbe considerarlo immorale e peccaminoso, ma lo fanno tutti, no? A tutti i ricchi è concesso di esse-

geweckt und sprudelnd", antwortete Anne verwirrt.

„Sie träumt davon, eine Kurtisane zu sein! Ich weiß, dass Sie frei gelebt haben, aber wollen Sie wirklich, dass Ihre eigene Tochter diese Schande trägt?"

„Wenn es sie dahin bringen würde, wo Madame Frédérique jetzt ist, warum dann nicht? Sie würde versorgt werden. Sie hätte Luxus, den wir nie haben werden", versuchte Anne zu erklären.

„Und sie würde all das bekommen, indem sie jede Nacht mit Schurken, Betrunkenen und Spielern schlief! Sie würde täglich Sünden begehen", entgegnete Hélène.

„Die Kirche mag es als unmoralisch und sündig ansehen, aber jeder tut es, nicht wahr? Alle Reichen dürfen aufgrund ihres

re un po' peccaminosi a causa del loro status e della loro ricchezza. Perché noi non possiamo fare lo stesso?".

"A proposito di Chiesa, cosa ne pensa suo padre di questi tuoi progetti? Gli hai parlato dei nuovi sogni della piccola Jeanne?".

"Jeanne non ha un padre", disse Anne con un po' di stizza.

"Non puoi scegliere quando è suo padre e quando no. Entrambi volevate che lui avesse un ruolo nella sua vita!".

"Vuole che vada a scuola per le ragazze che rischiano di cadere nell'immoralità".

"Forse sarebbe meglio così?".

"Ma ora è così felice! E Dumonceaux si è offerto di aiutarla quando sarà il momento".

"Non starai pensando seria-

Status und Reichtums ein bisschen sündig sein. Warum können wir nicht dasselbe tun?"

„Apropos Kirche, was hält ihr Vater von deinen Plänen? Hast du ihm von den neuen Träumen der kleinen Jeanne erzählt?"

„Jeanne hat keinen Vater", sagte Anne etwas gereizt.

„Man kann sich nicht aussuchen, wann er ihr Vater ist und wann nicht. Sie wollten beide, dass er eine Rolle in ihrem Leben spielt!"

„Er möchte, dass sie in die Schule für Mädchen geht, die Gefahr laufen, auf unmoralische Wege zu verfallen."

„Vielleicht wäre es das Beste?"

„Aber sie ist jetzt so glücklich! Und Dumonceaux hat angeboten, ihr zu helfen, wenn es soweit ist."

mente a questo, o forse sì? Se andrà a scuola potrà trovare un lavoro rispettabile e onesto in seguito. E se è fortunata potrebbe sposare un brav'uomo, qualcuno che farebbe del suo meglio per prendersi cura di lei", ragionò Hélène.

"Ci penserò", disse infine Anne, e la questione fu lasciata in sospeso per un po'.

„Daran denken Sie doch nicht ernsthaft, oder doch? Wenn sie zur Schule geht, findet sie später eine respektable und ehrliche Arbeit. Und wenn sie Glück hat, heiratet sie vielleicht einen guten Mann, jemanden, der sein Bestes tut, um sich um sie zu kümmern“, argumentierte Hélène.

„Ich werde es mir überlegen“, sagte Anne schließlich, und die Sache wurde für eine Weile fallen gelassen.

CAPÍTOLO 4

Il primo amore
Erste Liebe

Alla fine, di fronte a pressioni su più fronti, Anne decise di mandare la figlia a scuola. Quando Jeanne venne informata di questi piani, era allo stesso tempo triste ed emozionata. Triste perché significava abbandonare sua madre e non vedere Madame Frederique per molto tempo. Eccitata perché sarebbe stata un'avventura solo per lei e avrebbe imparato cose importanti. A tutto ciò si mescolava un po' di ansia. Come sarebbero stati gli insegnanti? Avrebbe avuto degli amici?

Ma non c'era bisogno di preoccuparsi: Jeanne si trovava bene a scuola. Amava i libri una volta imparato a leggere

Angesichts des Drucks an mehreren Fronten beschloss Anne schließlich, ihre Tochter zur Schule zu schicken. Als Jeanne von diesen Plänen erfuhr, war sie sowohl traurig als auch aufgeregt. Traurig, weil es bedeutete, ihre Mutter zurückzulassen und Madame Frederique lange nicht zu sehen. Aufgeregt, weil es ein Abenteuer nur für sie wäre und sie wichtige Dinge lernen würde. Dazu mischte sich etwas Angst. Wie würden die Lehrer sein? Würde sie Freunde finden?

Aber es gab keinen Grund zur Sorge: Jeanne blühte in der Schule auf. Sie liebte Bücher, sobald sie richtig lesen gelernt hatte, und sie hatte auch ein Auge für

correttamente, e aveva un occhio di riguardo anche per le arti. Gli orari rigorosi avevano richiesto un po' di tempo per farci l'abitudine, ma non avevaavuto troppi problemi. Inoltre, grazie al suo carattere socievolee allegro, si fece subito molti amici. Amava stupire i suoi nuovi amici con i suoi racconti su Madame Frederique e progettare con loro il suo fantastico futuro.

Passarono otto anni e improvvisamente Jeanne terminò gli studi. A quindici anni era diventata la bellezza che tutti avevano previsto. Alta, bionda, con deliziosi occhi azzurri, un naso minuto e una bocca piccola. Era una giovane donna felice e vivace con grandi ambizioni. Voleva una vita migliore di quella di sua madre e non avrebbe permesso alle sue umi-

Kunst. Für die strengen Zeitpläne brauchte sie etwas Zeit, um sich daran zu gewöhnen, aber sie hatte keine allzu großen Probleme damit. Und sie hatte sofort viele Freunde, die so gesprächig und fröhlich waren wie sie. Sie liebte es, ihre neuen Freunde mit ihren Geschichten von Madame Frederique zu beeindrucken und mit ihnen ihre eigene beeindruckende Zukunft zu planen.

Acht Jahre vergingen und plötzlich beendete Jeanne ihr Studium. Mit fünfzehn Jahren war sie zu der Schönheit geworden, die ihr alle vorhergesagt hatten. Große Blondine mit schönen blauen Augen, einer zierlichen Nase und einem kleinen Mund. Sie war eine fröhliche und lebhafte junge Frau mit großen Ambitionen. Sie wollte ein besseres Leben als ihre Mutter, und ihre gemeinsame Herkunft würde ihr

li origini di ostacolarla. Solo che non sapeva da dove cominciare. Per fortuna sua zia ebbe un'idea.

"Guardati, cara, sei cresciuta", disse Hélène quando Jeanne le fece visita.

"Non sono più piccola, zia Hélène. Sono una donna ora", rispose Jeanne ridendo.

"Sì, sì, sei una giovane donna ora, Jeanne. Hai finito la scuola a quindici anni. Come ti senti?"

"Sono ansiosa di iniziare la mia vita, ma mi mancheranno molto i miei compagni di scuola. Ci siamo divertiti così tanto insieme!".

"Andrai bene, ne sono certa, se sei disposta a lavorare sodo", disse Hélène seriamente, chiedendosi se Jeanne sarebbe diventata come Anne.

dabei nicht im Wege stehen. Sie war sich nur nicht sicher, wo sie anfangen sollte. Zum Glück hatte ihre Tante eine Idee.

„Schau dich an, kleiner Schatz, du bist jetzt erwachsen“, schwärmte Hélène, als Jeanne sie besuchte.

„Ich bin nicht mehr klein, Tante Hélène. Ich bin jetzt eine Frau“, antwortete Jeanne lachend.

„Ja ja, du bist jetzt eine junge Frau, Jeanne. Alle waren mit fünfzehn mit der Schule fertig. Wie fühlst du dich?“

„Ich freue mich darauf, jetzt mein eigenes Leben zu beginnen, aber ich werde meine Schulfreunde sehr vermissen. Wir hatten so eine lustige Zeit zusammen!“

„Du wirst es gut machen, da bin ich sicher, wenn du bereit bist, hart zu arbeiten“, sagte Hélène ernst und fragte sich, ob

"Sono disposta e spero di trovare presto qualcosa", disse Jeanne alla zia con calma.

La risposta fece sì che Hélène si illuminasse a dismisura.

"A proposito di questo, potrei avere una sorpresa per te", disse.

"Oh?"

"Ti ho procurato un apprendistato. È una splendida opportunità!".

"Di che tipo di apprendistato si tratta?". Jeanne chiese esitante. Sebbene amasse sua zia, non voleva finire a fare la cameriera come Hélène.

"Avrai la possibilità di imparare i segreti della parrucchiera!".

La risposta di Hélène sorprese Jeanne. Un parrucchiere? Pensò e la sua mente tornò agli

Jeanne wie Anne werden würde.

„Ich bin bereit und hoffe, dass ich bald etwas finde“, sagte Jeanne ruhig zu ihrer Tante.

Die Antwort ließ Hélène breit strahlen.

„Apropos, ich habe vielleicht eine Überraschung für dich“, sagte sie.

„Oh?“

„Ich habe dir einen Ausbildungsplatz gesichert. Das ist eine großartige Gelegenheit!“

„Was ist das für eine Ausbildung?“ fragte Jeanne zögernd. Obwohl sie ihre Tante liebte, wollte sie nicht wie Hélène ihr Leben als Dienstmädchen fristen.

„Du wirst die Chance haben, die Geheimnisse des Friseurhandwerks zu lernen!“

Hélènes Antwort überraschte Jeanne. Ein Friseur? dachte sie und ihre Gedanken wanderten zu

anni della sua infanzia. Ricordava di aver guardato Madame Frederique mentre si acconciava i capelli. Allora sembrava una forma d'arte.

"I parrucchieri sono molto ricercati in questo momento, soprattutto qui a Parigi. Se fai bene, potresti anche avere la possibilità di lavorare per i reali!". Hélène continuò, ignara del breve viaggio nella memoria della nipote.

"Sembra perfetto! Grazie mille, cara zia", rispose Jeanne abbracciando la zia. Questo nuovo apprendistato poteva essere la sua occasione per mettere il piede nella porta di una vita migliore.

Un paio di giorni dopo, Jeanne bussò alla porta di una casa a schiera senza indicazioni. Era lì per incontrare il suo

ihren Kindheitsjahren. Sie erinnerte sich, wie Madame Frederique beim Frisieren zugesehen hatte. Es schien damals wie eine Kunstform.

„Friseure sind derzeit sehr gefragt, besonders hier in Paris. Wenn du gut abschneidest, bekommst du vielleicht sogar die Chance, für die Royals zu arbeiten!" Hélène fuhr fort, ohne sich der kurzen Reise ihrer Nichte in die Vergangenheit bewusst zu sein.

„Klingt perfekt! Vielen Dank, liebe Tante", antwortete Jeanne und umarmte ihre Tante. Diese neue Ausbildung könnte ihre Chance sein, einen Fuß in die Tür für ein viel besseres Leben zu bekommen.

Ein paar Tage später klopfte Jeanne an die Haustür eines unscheinbaren Stadthauses. Sie war

nuovo mentore. Aspettandosi di vedere un uomo brizzolato di mezza età, rimase piuttosto sorpresa quando un uomo piuttosto giovane aprì la porta. Non solo era giovane, ma anche piuttosto bello, con capelli castano chiaro, occhi grigi e una mascella ben definita. Guardò Jeanne con aria dubbiosa.

"Bonjour, dovrei incontrare Monsieur Lametz?". Jeanne disse con esitazione; forse zia Hélène le aveva dato l'indirizzo sbagliato. Quest'uomo così affascinante non poteva essere solo un parrucchiere.

Sentendo la sua domanda, il volto del giovane si trasformò in un sorriso soddisfatto.

"Ah, voi dovete essere il mio nuovo apprendista. Monsieur Lametz, al vostroservizio!" dis-

dort, um ihren neuen Mentor zu treffen. Sie erwartete einen ergrauenden Mann mittleren Alters zu sehen und war ziemlich überrascht, als ein ziemlich junger Mann die Tür öffnete. Und er war nicht nur jung, sondern auch ziemlich gutaussehend mit hellbraunem Haar, grauen Augen und einem gut definierten Kinn. Er sah Jeanne fragend an.

„Bonjour, ich soll Monsieur Lametz treffen?" sagte Jeanne zögernd; vielleicht hatte Tante Hélène ihr die falsche Adresse gegeben. Dieser auffällige Mann konnte unmöglich nur ein Friseur sein.

Als er ihre fragende Aussage hörte, breitete sich auf dem Gesicht des jungen Mannes ein zufriedenes Lächeln aus.

„Ah, du musst mein neuer Lehrling sein. Monsieur Lametz, zu Ihren Diensten!" sagte er und

se e si inchinò esageratamente, facendo arrossire Jeanne.

"Jeanne Bécu, al vostro servizio", rispose lei, piuttosto soddisfatta di come erano andate le cose. A quanto pareva il suo mentore era un po' un seduttore, non che le dispiacesse. Se non altro, imparare l'arte del parrucchiere non sarebbe stato noioso. Monsieur Lametz la invitò quindi a entrare per discutere gli aspetti pratici del loro accordo. E così iniziò il suo apprendistato.

Imparare da un uomo che aveva un grande talento nel suo stesso lavoro fu meraviglioso e difficile allo stesso tempo. Le giornate erano lunghe ma mai uguali. Le clienti di Monsieur Lametz erano per lo più piuttosto ricche e a molte signore piaceva spettegolare mentre

verbeugte sich übertrieben, was Jeanne erröten ließ.

„Jeanne Bécu, bei dir", antwortete sie, sehr erfreut darüber, wie sich die Dinge entwickelt hatten. Ihre Mentorin war offenbar ein bisschen charmant, nicht dass es ihr etwas ausmachte. Wenn überhaupt, wäre das Erlernen der Friseurkunst nicht langweilig. Monsieur Lametz lud sie dann ein, um die praktischen Aspekte ihrer Vereinbarung zu besprechen. Und so begann ihre Ausbildung.

Von einem Mann zu lernen, der in seinem eigenen Job sehr talentiert war, war sowohl wunderbar als auch hart. Die Tage waren lang, aber nie ganz gleich. Die Kunden von Monsieur Lametz waren meist ziemlich wohlhabend und viele der Damen klatschten gern, während ihre Haare gekämmt, gezogen

venivano pettinatee acconciate. Jeanne amava ascoltare i loro racconti emozionanti, ma spesso non aveva il tempo di ascoltarli, perché il suo mentore aveva bisogno che lei andasse a prendere per lui pettini e fermagli vari.

Come mentore, Monsieur Lametz era giusto e paziente, ma si aspettava anche molto da lei in cambio. Ma è così che funzionava l'apprendistato. Bisognava essere disposti a lavorare duramente e a lungo prima di padroneggiare il mestiere. A Jeanne non dispiaceva molto il carico di lavoro, ma odiava i clienti maleducati e i loro commenti sprezzanti. Tuttavia, aveva la sensazione che Lametz cercasse di proteggerla il più possibile.

Ben presto il rapporto che

und festgesteckt wurden. Jeanne liebte es, ihre spannenden Geschichten zu hören, hatte aber oft nicht die Zeit, ihnen einfach nur zuzuhören, da ihr Mentor sie normalerweise brauchte, um verschiedene Kämme und Nadeln für ihn zu holen.

Als Mentor war Monsieur Lametz fair und geduldig, erwartete aber auch viel von ihr. Obwohl die Ausbildung so funktioniert. Man musste bereit sein, hart und lange zu arbeiten, bevor man das Handwerk beherrschte. Jeanne störte die Arbeitsbelastung nicht so sehr, aber sie hasste unhöfliche Kunden und ihre abfälligen Bemerkungen. Obwohl sie das Gefühl hatte, dass Lametz versuchte, sie so gut wie möglich zu beschützen.

Bald begann sich die Beziehung, die sie zu ihrem Mentor

aveva con il suo mentore iniziò a cambiare. Iniziò con brevi sguardi e tocchi casuali. I complimenti per il suo lavoro si trasformarono in complimenti per il suo aspetto e la sua personalità. Ogni nuovo giorno con Monsieur Lametz faceva crescere le farfalle nello stomaco di Jeanne. Sembrava che lui si divertisse a farla arrossire.

"Non ho mai incontrato una ragazza come voi, mia dolce Jeanne", le diceva accarezzandole la guancia.

I tocchi innocenti si trasformarono in tocchi più mirati. Baciamano quando le diceva arrivederci. Bacio sulla guancia quando la salutava. Sulle labbra quando erano soli nel suo alloggio. Jeanne non si era mai sentita così prima. Era tutto così esaltante e anche un po'

hatte, zu ändern. Es fing klein an mit kurzen Blicken und zufälligen Berührungen. Komplimente für ihre Arbeit wurden zu Komplimenten über ihr Aussehen und ihre Persönlichkeit. Jeder neue Tag mit Monsieur Lametz brachte mehr Schmetterlinge in Jeannes Bauch. Er schien es zu genießen, sie erröten zu lassen.

„Ich habe noch nie ein Mädchen wie dich getroffen, meine süße Jeanne", sagte er, während er ihre Wange streichelte.

Aus unschuldigen Berührungen wurden zielgerichtetere. Kuss auf die Hand beim Abschied. Auf die Wange beim Hallo sagen. Auf den Lippen, wenn sie allein in seinem Quartier waren. Jeanne hatte sich noch nie so gefühlt. Es war alles so aufregend und auch ein bisschen erschreckend. Zum ersten Mal in ihrem

terrificante. Per la prima volta nella sua vita si era innamorata.

Naturalmente dovevano tenere segreto questo nuovo aspetto della loro relazione, ma il fatto di vedersi di nascosto rendeva tutto molto più intenso. Quando poteva, Monsieur Lametz era un amante attento e generoso e la sorprendeva spesso con piccoli regali. Jeanne era sicura che lui fosse il suo amore per sempre. Quando sarebbe stata più grande e avrebbe lavorato per conto suo, si sarebbero sposati. Ma la vita reale raramente va come la si è programmata.

Leben hatte sie sich verliebt.

Sie mussten diesen neuen Aspekt ihrer Beziehung natürlich geheim halten, aber das Herumschleichen machte alles so viel intensiver. Wenn er konnte, war Monsieur Lametz ein aufmerksamer und großzügiger Liebhaber, der sie oft mit kleinen Geschenken überraschte. Jeanne war sich sicher, dass er ihre ewige Liebe war. Dass sie heiraten würden, wenn sie älter wäre und alleine arbeiten würde. Aber das wirkliche Leben läuft selten so, wie man es sich vorstellt.

CAPÍTOLO 5

Giovane e libera
Jung und frei

Troppo presto le loro famiglie scoprirono la relazione. Mentre la famiglia di Jeanne era d'accordo, la madre di Lametz andò su tutte le furie. Vedeva Jeanne come una cacciatrice di dote che stava usando suo figlio solo per avere una posizione migliore nella vita. E si assicurò che il figlio sapesse cosa pensava della sua amante. Essendo un'anima gentile, Monsieur Lametz odiava gli scontri di qualsiasi tipo e decise che era meglio per lui lasciare il paese per un po'.

"Te ne vai a Londra? E io? Hai detto di amarmi. Hai giurato che saremmo stati sempre insieme!". Jeanne urlò in lacri-

Allzu früh erfuhren ihre Familien von der Affäre. Während Jeanne damit ganz gut zurechtkam, bekam Lametz' Mutter einen Wutanfall. Sie sah Jeanne als Goldgräberin, die ihren Sohn nur benutzte, um im Leben eine bessere Stellung zu erlangen. Und sie stellte sicher, dass ihr Sohn wusste, was sie über seinen Geliebten dachte. Als sanftmütige Seele hasste Monsieur Lametz Konfrontationen jeglicher Art und entschied, dass es besser für ihn sei, das Land für eine Weile zu verlassen.

„Du fliegst nach London?! Und ich? Du hast gesagt, du liebst mich. Du hast geschworen, dass wir immer zusammen sein

me quando seppe dei suoi piani.

"Ti amo, dolce Jeanne, e credo che in un certo senso ti amerò sempre. Non dimenticherò mai te e il nostro tempo meraviglioso trascorso insieme. Ma sai che le stelle non sono dalla nostra parte. Ci sono troppe persone contro di noi. E tu sei ancora giovane. Troverai qualcun altro. Qualcuno che sia perfetto per te", cercò di tranquillizzarla Lametz.

"Ma io non voglio nessun altro. Voglio te. Ho bisogno di te. Potrei venire con te. A mia madre non dispiacerebbe", implorò disperata.

"Ma, tesoro mio, non è possibile. Londra non è un posto per giovani bellezze come te. È un mondo diverso", rispose lui con calma, ma non servì a nul-

würden!" Jeanne kreischte in Tränen, als sie von seinen Plänen hörte.

„Ich liebe dich wirklich, süße Jeanne, und ich nehme an, ich werde es immer tun, in gewisser Weise. Ich werde dich und unsere himmlische gemeinsame Zeit nie vergessen. Aber du weißt, dass die Sterne nicht auf unserer Seite sind. Es sind zu viele Leute gegen uns. Und du bist noch jung. Du wirst jemand anderen finden. Jemand, der perfekt zu dir passt", versuchte Lametz sie zu beruhigen.

„Aber ich will keinen anderen. Ich will dich. Ich brauche dich. Ich könnte mitkommen. Meine Maman hätte nichts dagegen", flehte sie verzweifelt.

„Aber, meine Süße, das ist nicht machbar. London ist kein Ort für junge Schönheiten wie dich. Es ist eine andere Welt", antwortete er ruhig, aber das half

la.

"Non può essere così diverso da Parigi. È solo che non mi vuoi lì. A causa di tua madre. È lei il problema. Mi odia!" Jeanne si lamentò, arrabbiandosi ogni secondo di più.

"Non essere sciocca. Lei..."

"Sciocca?! È questo che pensi di me? Che sono solo una bambina sciocca? Allora, tu..."

"No, no, non intendevo...".

"...puoi andartene. Vai e basta. Non vorrei essere un peso per te. Vorrei non averti mai incontrato! Sto meglio senza di te!", gli urlò infine e lasciò la sua casa, sbattendo la porta mentre se ne andava.

Dopo la disastrosa relazione con Lametz, Jeanne decise che il mestiere di parrucchiere non faceva per lei. Che l'amore e

nicht.

„Es kann nicht so anders sein als Paris. Du willst mich einfach nicht dort haben. Wegen deiner Mutter. Sie ist das Problem. Sie hasst mich!" beschwerte sich Jeanne und wurde mit jeder Sekunde wütender.

„Jetzt sei nicht albern. Sie -"

„Dumm?! Ist es das, was du von mir denkst? Dass ich nur ein dummes Kind bin? Na dann, du..."

„Nein, nein, ich wollte nicht ..."

„...kannst gehen. Geh einfach. Ich möchte dir nicht zur Last fallen. Ich wünschte, ich hätte dich nie getroffen! Ohne dich bin ich besser dran!" Sie schrie ihn schließlich an und verließ sein Haus, wobei sie die Tür zuschlug, als sie ging.

Nach der desaströsen Affäre mit Lametz entschied Jeanne, dass Friseur nichts für sie sei.

gli uomini non facevano per lei. Il suo primo colpo di fulmine le aveva fattomolto male e non voleva mai più sentirsi così. E oltre al dolore, si sentiva umiliata. Era ovvio che il suo amante non aveva provato per lei lo stesso sentimento che lei provava per lui. Giurò che non si sarebbe mai più trovata in quella posizione.

Così, invece di cercare un nuovo impiego, decise di seguire le orme della zia. La vita da cameriera non sembrava più così orribile, ma confortante e liberatoria. Non sarebbe stata dipendente da nessuno. Jeanne incanalò il dolore e la rabbia che provava nel suo lavoro. Anche se all'inizio fu dura, il tempo guarisce tutte le ferite e dopo qualche mese era di nuovo felice come prima.

Diese Liebe und Männer waren nichts für sie. Ihr erster Liebeskummer schmerzte so sehr und sie wollte sich nie wieder so fühlen. Und zusätzlich zu dem Schmerz fühlte sie sich gedemütigt. Es war offensichtlich, dass ihr Geliebter nicht so tief für sie empfand wie sie für ihn. Sie schwor, dass sie nie wieder in dieser Position sein würde.

Anstatt sich also eine neue Lehrstelle zu suchen, beschloss sie, in die Fußstapfen ihrer Tante zu treten. Das Leben als Dienstmädchen klang nicht mehr so schrecklich, sondern beruhigend und befreiend. Sie wäre von niemandem abhängig. Jeanne kanalisierte den Schmerz und die Wut, die sie empfand, in ihre Arbeit. Während es am Anfang hart war, heilt die Zeit alle Wunden und nach einigen Monaten war sie

La sua bellezza e il suo fascino giovanile attirarono presto gli occhi dei figli dei suoi datori di lavoro. Sebbene Jeanne apprezzasse le attenzioni che riceveva, non si lasciò andare a loro. Anche se era guarita dallo strazio del suo primo amore, ricordava ancora la lezione che le aveva insegnato. Ma essendo giovane e amante del divertimento, giocava e flirtava con gli affascinanti ragazzi. Dopotutto, che male poteva fare?

Sfortunatamente per Jeanne, i suoi datori di lavoro si preoccuparono dell'affetto dei loro figli e delle possibili azioni future. Anche se non c'era nulla di male nel flirtare un po', poteva portare ad altre cose. L'ultima cosa di cui volevano preoccuparsi erano gli eredi illegittimi. Così decisero di li-

wieder ihr altes fröhliches Ich.

Ihre Schönheit und ihr jugendlicher Charme erregten bald die Aufmerksamkeit der Söhne ihrer Arbeitgeber. Während Jeanne die Aufmerksamkeit genoss, die sie von ihnen bekam, ließ sie sich nicht auf sie ein. Obwohl sie vom Herzschmerz ihrer ersten Liebe geheilt war, erinnerte sie sich immer noch an die Lektion, die sie ihr beigebracht hatte. Aber jung und lebenslustig spielte und flirtete sie mit den charmanten jungen Männern. Denn was könnte es schaden?

Unglücklicherweise für Jeanne machten sich ihre Arbeitgeber Sorgen um die Zuneigung ihrer Söhne und mögliche zukünftige Handlungen. Es war zwar nichts Falsches daran, ein bisschen zu flirten, aber es könnte zu anderen Dingen führen. Das Letzte, worüber sie sich Sorgen machen wollten, waren uneheliche Erben.

cenziare Jeanne.

Sebbene Jeanne fosse sorpresa e un po' amareggiata per la loro decisione, non era triste per aver lasciato il suo lavoro. Sebbene gli anni trascorsi come cameriera fossero stati buoni e a volte persino divertenti, era maturata abbastanza da capire che fare la cameriera non faceva per lei. Aveva pensato di tornare a fare la parrucchiera, ma poi aveva sentito parlare di un'opportunità di lavoro diversa. Un noto negozio di abbigliamento cercava modelle e commesse.

Fare la modella sembrava divertente, così Jeanne si candidò per quella posizione e ottenne il lavoro. Era entusiasta di avere l'opportunità di lavorare alla Maison Labille, uno dei migliori negozi di tutta Pa-

Also beschlossen sie, Jeanne zu feuern.

Obwohl Jeanne überrascht und etwas verbittert über ihre Entscheidung war, war sie nicht traurig darüber, ihre Arbeit zu verlassen. Obwohl ihre Jahre als Dienstmädchen in Ordnung und manchmal sogar lustig gewesen waren, war sie reif genug, um zu wissen, dass es nichts für sie war, Dienstmädchen zu sein. Sie dachte darüber nach, wieder zum Friseur zu gehen, aber dann hörte sie von einer anderen Art von Jobangebot. Ein bekannter Kleiderladen suchte Models und Verkäuferinnen.

Modeln klang lustig, also bewarb sich Jeanne auf diese Stelle und sie bekam den Job. Sie freute sich über die Gelegenheit, im Maison Labille zu arbeiten, einem der besten Geschäfte in ganz Paris. Ihre neuen Arbeitgeber wa-

rigi. I suoi nuovi datori di lavoro erano severi e piuttosto esigenti, ma anche giusti. Nei giorni feriali ci si doveva concentrare esclusivamente sul lavoro, ma nei fine settimana Jeanne e i suoi colleghi avevano del tempo libero.

Jeanne amava i fine settimana e la sua nuova libertà. Aveva fatto subito amicizia con le altre modelle e tutte insieme esploravano la città quando avevano del tempo libero. Tentavano la fortuna al gioco d'azzardo nei casinò e si divertivano a flirtare con gli uomini nei mercatini. La vita di Jeanne era piena di colori e risate. Sarebbe stata felice di vivere così per anni, ma poi incontrò i Roué.

ren streng und ziemlich anspruchsvoll, aber auch fair. An Wochentagen musste man sich ausschließlich auf die Arbeit konzentrieren, aber an den Wochenenden hatten Jeanne und ihre Kollegen etwas Zeit frei.

Jeanne liebte die Wochenenden und ihre neu gewonnene Freiheit. Mit den anderen Models hatte sie sich schnell angefreundet und in ihrer Freizeit erkundeten sie gemeinsam die Stadt. Sie versuchten ihr Glück beim Glücksspiel in Casinos und hatten Spaß beim Flirten mit Mänern auf den Straßenfesten. Jeannes Leben war voller Farbe und Lachen. Sie wäre ziemlich glücklich gewesen, jahrelang so zu leben, aber dann traf sie den Roué.

CAPÍTOLO 6

Il Roué
Der Roue

Un pomeriggio della fine del 1763, un certo uomo entrò nel suo posto di lavoro. Dai suoi abiti eleganti e dal modo in cui si comportava era evidente che si trattava di un nobile. Tuttavia, c'era anche qualcosa di pericoloso in lui. Aveva un viso duro e occhi freddi e calcolatori. Jeanne riconobbe quegli occhi perché lo aveva già visto in passato. Stava giocando al casinò quando si accorse che lui la stava studiando. Anche se non aveva mai interagito con lui.

"Bonsoir, Monsieur. Come posso aiutarvi?" Chiese Jeanne quando lui le si avvicinò.

"Mamma mia, che bella che

Eines Nachmittags Ende 1763 betrat ein gewisser Mann ihren Arbeitsplatz. An seiner schicken Kleidung und seiner Haltung war zu erkennen, dass er ein Adliger war. Allerdings hatte er auch etwas Gefährliches an sich. Er hatte ein hart aussehendes Gesicht und kalte, berechnende Augen. Jeanne erkannte diese Augen wieder, da sie ihn schon einmal gesehen hatte. Sie war im Casino zum Glücksspiel gewesen, als sie bemerkte, dass er sie studierte. Obwohl sie noch nie mit ihm interagiert hatte.

„Bonsoir, Monsieur. Wie kann ich Ihnen helfen?" fragte Jeanne, als er sich ihr näherte.

„Meine Güte, was für eine

siete. Ditemi, siete contenta di lavorare qui, Mademoiselle?", disse l'uomo.

"Monsieur e Madame sono molto corretti", rispose Jeanne diplomaticamente.

"Non è quello che vi ho chiesto, cara ragazza. Siate sincera, siete felice qui?", le chiese ancora, guardandola intensamente negli occhi.

"Perché Monsieur è così interessato alla mia felicità o alla sua mancanza? So chi siete e ho sentito come vi chiamano: Il Roué. Quante ragazze innocenti avete sedotto per guadagnarvi questo titolo?". Jeanne lo fulminò con lo sguardo. Il suo sguardo la rese piuttosto nervosa.

Il suo sfogo fece ridere dolcemente l'uomo, il comte Jean-Babtistedu Barry, noto anche

Schönheit Sie sind. Sagen Sie, arbeiten Sie gerne hier, Mademoiselle?" der Mann sagte.

„Monsieur und Madame sind ganz fair", antwortete Jeanne diplomatisch.

„Das habe ich nicht gefragt, liebes Mädchen. Sei ehrlich, bist du hier glücklich?" fragte er noch einmal und sah ihr intensiv in die Augen.

„Warum ist Monsieur so an meinem Glück oder Mangel daran interessiert? Ich weiß, wer Sie sind, und ich habe gehört, wie man Sie nennt: Der Roué. Wie viele unschuldige Mädchen haben Sie verführt, um sich diesen Titel zu verdienen?" Jeanne fuhr ihn an. Sein Blick machte sie ziemlich nervös.

Ihr Ausbruch brachte den Mann, Comte Jean-Babtiste du Barry, auch bekannt als der Roué, zum Lachen. Es schien, als wäre

come il Roué. Sembrava che fosse soddisfatto della sua reazione.

"Ah, avete un po' di coraggio in voi. Lo sapevo. Vedo la possibilità di grandi cose nel vostro futuro, ma non accadrà se vi seppellirete in questo negozio buio. Quindi ve lo chiederò di nuovo: siete davvero felice di fare la modella di questi splendidi abiti e di venderli alle arroganti signore dell'élite o sareste più felice di possederne qualcuno voi stessa?".

"Possederli?"

"Sì. E possedere abiti ancora più lussuosi. E gioielli. Posso far sì che questo accada. Posso trasformarvi in una splendida signora. Se siete così brava come penso che voi siate, potete avere tutto ciò che potete sognare", le disse il Roué in modo

er mit ihrer Reaktion zufrieden.

„Ah, du hast ein bisschen Feuer in dir. Ich wusste es. Ich sehe die Möglichkeit für großartige Dinge in deiner Zukunft, aber es passiert nicht, wenn du dich in diesem dunklen Laden vergräbst. Also frage ich dich noch einmal: Bist du wirklich glücklich hier, diese wunderschönen Kleider zu modellieren und sie an arrogante Damen der Elite zu verkaufen, oder wärst du glücklicher, einige davon selbst zu besitzen?“

„Sie besitzen?“

„Ja. Und noch luxuriösere Kleider zu besitzen. Und Schmuck. Ich kann das bewirken. Ich kann dich in eine umwerfende Lady verwandeln. Wenn du so gut bist, wie ich denke, kannst du alles haben, wovon du jemals geträumt hast“, sagte der Roué ihr verführerisch.

seducente.

"Cosa dovrei fare? Sicuramente non me lo stareteproponendo per gentilezza di cuore. Dovete trarre qualche vantaggio", disse Jeanne con diffidenza. La sua proposta sembrava troppo bella per essere vera.

"Beh, non siete una ragazza intelligente? Mi piacerebbe insegnarvi le regole e l'etichetta dell'alta società così come i segreti e le arti di... altra natura. E più tardi, quando avrete imparato tutti i miei insegnamenti, otterrò il potere", le disse.

"Potere?"

"Sì, proprio il potere. Vedete, quando avrò finito, il Re in persona si innamorerà di voi. Pensate un po', la vita alla corte reale... I sontuosi quartieri di Versailles... Il nostro re... al vostro fianco", si chinò per sus-

„Was müsste ich tun? Sicher schlagen Sie dies nicht aus der Güte Ihres Herzens vor. Irgendwie müssen Sie davon profitieren", sagte Jeanne vorsichtig. Sein Vorschlag schien zu gut, um wahr zu sein.

„Na, bist du nicht ein kluges Mädchen? Ich würde es genießen, Ihnen die Regeln und Etikette der High Society sowie die Geheimnisse und Künste der... anderen Natur beizubringen. Und später, sobald du alle meine Lehren gemeistert hättest, würde ich Macht bekommen", sagte er ihr.

„Macht?"

„Ja, tatsächlich Macht. Siehst du, sobald ich fertig bin, wird sich der König höchstpersönlich in dich verlieben. Stell dir das vor, das Leben am königlichen Hof ... Prächtige Gemächer in Versailles ... Unser König ... an

surrarle all'orecchio in modo seducente.

"Io... ho bisogno di tempo per pensare", balbettò Jeanne.

"No. Dovete decidere subito. Ho una carrozza che mi aspetta. Rimanete qui o venite con me?", pretese il Roué, senza darle il tempo di pensare.

"Lasciatemi prendere le mie cose", rispose Jeanne. Non aveva intenzione di lasciarsi sfuggire questa opportunità.

"Non c'è tempo per questo", disse lui e le afferrò il gomito, iniziando a guidarla verso la porta.

"Ma i miei vestiti...!"

"Non ne avrete bisogno". Il Roué rise e la portò via.

All'inizio, la vita con il famigerato Roué sembrava incredibile ed eccitante. Certo,

deiner Seite", er beugte sich vor, um ihr verführerisch ins Ohr zu flüstern.

„Ich … ich brauche Zeit zum Nachdenken", stammelte Jeanne.

„Nein. Du musst dich jetzt entscheiden. Ich habe eine Kutsche die wartet. Bleib hier oder komm mit?" verlangte der Roué zu wissen und gab ihr keine Zeit zum Nachdenken.

„Lass mich meine Sachen holen", antwortete Jeanne. Sie würde sich diese Gelegenheit nicht entgehen lassen.

„Keine Zeit dafür", sagte er und packte sie am Ellbogen, um sie zur Tür zu führen.

„Aber meine Kleidung …!"

„Die wirst du nicht brauchen." Der Roué lachte und nahm sie mit.

Zuerst fühlte sich das Leben mit dem berüchtigten Roué unglublich und aufregend an. Si-

era molto esigente e si aspettava molto da lei, ma si preoccupava anche di lei a modo suo.
Aveva un'aria pericolosa, ma
non era un uomo violento. Era
solo molto esigente e ambizio-
so. Le ordinò subito dei vestiti
nuovi e incredibilmente belli e
le regalò dei bellissimi gioielli.
Jeanne amava le attenzioni che
riceveva e faceva del suo meglio per compiacerlo.

Il Roué mantenne la sua
promessa e insegnò a Jeanne
diversi importanti regole del
galateo e maniere della nobiltà. Inoltre, perfezionò l'educazione ricevuta a scuola, soprattutto per l'arte e la musica.
Quando cenavano da soli, la
istruiva su come affascinare gli
uomini con la sua arguzia e
intelligenza o con la sua gentilezza. Le loro notti insieme si
concentravano su insegnamenti

cher, er war sehr anspruchsvoll
und erwartete viel von ihr, aber
er kümmerte sich auch auf seine
Art um sie. Er hatte ein gefährliches Auftreten, aber er war kein
gewalttätiger Mann. Nur sehr
berechtigt und ehrgeizig. Er be-
stellte sofort neue, unglaublich
schöne Kleider für sie und
schenkte ihr wunderschöne kleine Schmuckstücke. Jeanne liebte
die Aufmerksamkeit, die sie bekam, und versuchte ihr Bestes,
um ihm zu gefallen.

Der Roué hielt sein Verspre-
chen und brachte Jeanne verschiedene wichtige Umgangsfor-
men und Manieren des Adels bei.
Er verfeinerte auch ihre schuli-
sche Ausbildung, insbesondere in
Bezug auf Kunst und Musik. Als
sie alleine zu Abend aßen, erklärte er ihr, wie sie Männer entweder mit ihrem Witz und ihrer
Intelligenz oder ihrer Freundlich-
keit bezaubern könne. Ihre ge-

un po' più anticonvenzionali: il Roué si assicurava che Jeanne imparasse i modi migliori per affascinare gli uomini anche con il suo corpo.

Anche se il modo in cui vivevano insieme era molto poco ortodosso e immorale, Jeanne si sentiva a casa. Poteva quasi immaginarli come una coppia sposata, se Roué non avesse già una moglie. Tuttavia, a volte Jeanne si divertiva a fare l'inchino a re e regine immaginari come Madame du Barry. Ma sapeva che la vita di una nobildonna poteva essere possibile solo nei suoi sogni. Diventare un'amante rispettata da qualche nobile era il massimo a cui poteva realisticamente aspirare.

Dopo qualche tempo, il Roué la ritenne pronta e lei terminò i suoi studi poco orto-

meinsamen Nächte konzentrierten sich auf etwas unkonventionellere Lehren, da der Roué dafür sorgte, dass Jeanne auch die besten Wege lernte, Männer mit ihrem Körper zu fesseln.

Obwohl ihr Zusammenleben sehr unorthodox und unmoralisch war, fühlte sich Jeanne zu Hause. Sie könnte sich die beiden fast als Ehepaar vorstellen, wenn Roué nicht schon eine Frau hätte. Trotzdem amüsierte sich Jeanne manchmal damit, als Madame du Barry Knickse vor imaginären Königen und Königinnen zu üben. Aber sie wusste, dass ein Leben als Lady mit Titel nur in ihren Träumen möglich war. Eine angesehene Geliebte für einen Adligen zu werden, war das Beste, was sie sich realistisch erhoffen konnte.

Nach einer Weile hielt der Roué sie für bereit und beendete

dossi. Poi sarebbe stata presentata ai suoi amici in occasione di una festa dove avrebbe potuto muovere i primi passi come cortigiana sotto il suo occhio vigile. Era sicuro che sarebbe stata un successo se avesse ricordato tutto ciò che le aveva insegnato. E dopo qualche anno di esperienza con i suoi amici e conoscenti, avrebbe potuto essere presentata al re. Doveva solo essere paziente con il suo piano per lei e sperare che non si rivelasse deludente.

Jeanne non lo deluse. Aveva la capacità di flirtare in modo naturale e affascinò immediatamente tutti, dai ricchi commercianti ai duchi aristocratici. Prima che la serata finisse, il Roué aveva una lunga lista di nuovi clienti desiderosi di passare più tempo con Jeanne. Il

ihr unorthodoxes Studium. Als nächstes sollte sie seinen Freunden auf einer seiner Partys vorgestellt werden, wo sie ihre ersten Schritte als Kurtisane unter seinen wachsamen Augen machen konnte. Er war sich sicher, dass sie ein Hit werden würde, wenn sie sich an alles erinnern würde, was er ihr beigebracht hatte. Und nachdem sie einige Jahre lang Erfahrungen bei seinen Freunden und Bekannten gesammelt hatte, konnte sie dem König vorgestellt werden. Er musste nur Geduld mit seinem Plan für sie haben und hoffen, dass sie sich nicht als enttäuschend herausstellte.

Jeanne enttäuschte ihn nicht. Sie war ein Naturtalent und verzauberte sofort jeden, von wohlhabenden Händlern bis hin zu aristokratischen Herzögen. Bevor die Nacht zu Ende war, hatte der Roué eine lange Liste eifriger neuer Kunden, die auf mehr Zeit

suo piano stava funzionando a meraviglia. Da parte sua, Jeanne era stupita da tutte le attenzioni che riceveva dagli uomini. Lei, una ragazza comune, aveva duchi che si contendevano la sua attenzione. Era divertente e così lusinghiero.

Il tempo volava velocemente e prima di rendersene conto Jeanne aveva vissuto con i Roué per cinque anni. Aveva 25 anni ed era una delle cortigiane più ricercate di Parigi. Aveva superato ogni aspettativa e aveva guadagnato più soldi di quanto avrebbe mai potuto immaginare. Poteva comprarsi gioielli di lusso e abiti eleganti, se lo desiderava. Aveva persino una carrozza tutta sua. Ma si stava anche stancando. Essere ricercata aveva i suoi svantaggi. Aveva a malapena il tempo di

mit Jeanne hofften. Sein Plan funktionierte wunderbar. Jeanne ihrerseits war erstaunt über die Aufmerksamkeit, die sie von Männern erhielt. Sie, ein gewöhnliches Mädchen, hatte Herzöge, die um ihre Aufmerksamkeit kämpften. Es hat Spaß gemacht und war so schmeichelhaft.

Die Zeit verging wie im Flug und ehe sie sich versah, lebte Jeanne fünf Jahre lang bei den Roués. Sie war 25 Jahre alt und eine der meistgewollten Kurtisanen in Paris. Sie hatte alle Erwartungen übertroffen und mehr Geld verdient, als sie sich jemals hätte vorstellen können. Wenn sie wollte, konnte sie ausgefallenen Schmuck und schöne Kleider kaufen. Sie hatte sogar eine eigene Kutsche. Aber sie wurde auch müde. So sehr gewollt zu werden hatte seine Nachteile. Sie hatte

riposare.

Così, quando il Roué chiese di vederla un giorno d'estate, andò a incontrarlo con trepidazione. Era sicura che l'incontro riguardasse un nuovo cliente. Ma non aveva idea di come avrebbe potuto incastrare un altro cliente nella sua agenda già piena di impegni. Sebbene avesse ragione a pensare che il Roué avesse in mente un nuovo cliente, la sua proposta non era quella che si aspettava.

"Siamo pronti, finalmente, mia cara", le disse entusiasta il Roué non appena arrivò.

"Pronti? Per cosa?" Chiese Jeanne, confusa.

"Domani incontrerete il Re e, se tutto va bene, sarete la sua amante prima della fine dell'anno!".

kaum Zeit, sich auszuruhen.

Als der Roué an einem Sommertag verlangte, sie zu sehen, ging sie ihm voller Beklommenheit entgegen. Sie war sich sicher, dass es bei dem Treffen um einen neuen Kunden ging. Aber sie hatte keine Ahnung, wie sie einen weiteren Kunden in ihren bereits vollen Terminkalender einbauen sollte. Sie hatte zwar Recht, dass der Roué einen neuen Kunden im Sinn hatte, aber sein Vorschlag war nicht das, was sie erwartet hatte.

„Endlich sind wir bereit, meine Liebe", sagte der Roué aufgeregt, sobald sie ankam.

„Bereit? Für was?" fragte Jeanne verwirrt.

„Morgen triffst du den König und wenn alles gut geht, wirst du seine Geliebte sein, bevor das Jahr zu Ende ist!"

CAPÍTOLO 7

Madame du Barry
Madame du Barry

All'età di sessant'anni, Luigi XV si sentiva stanco. Gli anni pesavano sulle sue spalle e sapeva che il suo corpo e la sua mente si stavano indebolendo ogni anno di più. Invidiava l'energia e l'entusiasmo dei membri più giovani della sua corte. La sua vita era diventata monotona e incolore. Le cose che prima amava molto stavano perdendo il loro fascino. I suoi vini costosi non avevano più lo stesso sapore e il corpo di una donna innamorata non era più caldo e morbido come prima.

Sapeva che la sua ristretta cerchia di amici e confidenti aveva iniziato a preoccuparsi. I

Im Alter von sechzig Jahren fühlte sich Louis XV müde. Die Jahre lasteten auf seinen Schultern und er wusste, dass sein Körper und sein Geist jedes Jahr mehr und mehr schwächer wurden. Er beneidete die jüngeren Mitglieder seines Hofes um die Energie und den Enthusiasmus. Sein eigenes Leben war stumpf und farblos geworden. Früher viel geliebte Dinge verloren ihren Reiz. Seine teuren Weine schmeckten nicht mehr so und der Körper einer liebenden Frau fühlte sich nicht mehr so warm und weich an wie früher.

Er wusste, dass sich sein kleiner Kreis von Freunden und Vertrauten Sorgen machte. Die Hof-

medici di corte avevano parlato di una malattia della mente e avevano ragione. La sua mente era diventata un luogo buio e freddo e sembrava che non ci fosse luce in vista. Ma poi incontrò lei. La sua guida allegra. Mademoiselle Bécu, la sua chérie Jeanne.

La intravide per la prima volta nei giardini di Versailles un giorno di inizio estate del 1768. Che visione che era, in piedi, in mezzo alle aiuole colorate, con il suo allegro vestito blu. Con il sole che le illuminava i capelli chiari, sembrava un angelo. Non c'erada stupirsi se intorno a lei c'erano numerosi uomini giovani e attraenti che cercavano di attirare la sua attenzione. Ma lei non li notava. Anzi, sembrava avere occhi solo per lui.

ärzte sprachen von einer Geisteskrankheit, und sie hatten recht. Sein Geist hatte sich in einen ziemlich dunklen und kalten Ort verwandelt und es schien, als wäre kein Licht in Sicht. Aber dann traf er sie. Sein helles Leitlicht. Mademoiselle Bécu, seine chérie Jeanne.

An einem Frühsommertag des Jahres 1768 sah er sie zum ersten Mal in den Gärten von Versailles. Was für eine Vision, wie sie da stand, inmitten bunter Blumenbeete, in ihrem leuchtend blauen Kleid. Mit der Sonne, die in ihr blondes Haar schien, sah sie aus wie ein Engel. Es war kein Wunder, dass sie zahlreiche attraktive, junge Männer um sich herum hatte, die versuchten, ihre Aufmerksamkeit zu erregen. Aber sie bemerkte sie nicht. Tatsächlich schien sie nur Augen für ihn zu haben.

Per lui, il Re anziano! Quei deliziosi occhi blu seguivano spudoratamente ogni sua mossa. Sembravano sorridergli dolcemente, invitandolo a flirtare con lei. E quando lui, a sua volta, la guardava dritto negli occhi, lei arrossiva in modo meraviglioso. Era una combinazione intrigante: seduzione spudorata e innocenza giovanile. Alla fine chiamò il suo valletto e chiese di sapere chi fosse.

"Ah, credo che questa sia Mademoiselle Jeanne Bécu, Vostra Maestà. È nuova qui", gli disse il valletto.

Questo spiegava perché non aveva mai visto una tale bellezza prima d'ora aggirarsi per i giardini di Versailles. Ma ora che l'aveva vista, la voleva. Ed essendo il Re, di solito ottiene-

Für ihn, den alternden König! Diese schönen blauen Augen folgten schamlos jeder seiner Bewegungen. Sie schienen ihn sanft anzulächeln und ihn einzuladen, mit ihr zu flirten. Und als er sie wiederum direkt ansah, errötete sie so schön. Es war eine faszinierende Kombination aus schamloser Verführung und jugendlicher Unschuld. Schließlich rief er nach seinem Kammerdiener und wollte wissen, wer sie sei.

„Ah, ich glaube, das ist Mademoiselle Jeanne Bécu, Majestät. Sie ist neu hier", sagte ihm sein Kammerdiener.

Das erklärte, warum er eine solche Schönheit nicht gesehen hatte, bevor er durch die Gärten von Versailles streifte. Aber jetzt, wo er es getan hatte, wollte er sie. Und als König bekam er normalerweise, was er wollte.

va ciò che voleva. Così chiese al suo valletto di estendere un invito a Mademoiselle Bécu. Un invito a trascorrere la serata con il Re nei suoi alloggi privati. Aveva bisogno di conoscerla lontano da occhi indiscreti.

Mademoiselle Bécu accettò gentilmente l'invito e Luigi XV si mise al lavoro. O meglio, si mise al lavoro con la sua servitù. Le sue stanze dovevano essere rinfrescate. Le sue cose furono pulite e lucidate. Vennero portati fiori freschi in tutti i vasi per decorarli. I vini più pregiati furono cercati nelle cantine. Ai cuochi fu ordinato di preparare deliziosi manicaretti che si sposassero bene con i vini. Tutto doveva essere perfetto.

Il nuovo entusiasmo del Re sorprese il suo staff, ma loro ne

Also ließ er seinen Diener Mademoiselle Bécu einladen. Eine Einladung, den Abend mit dem König in seinen Privatgemächern zu verbringen. Er musste sie ohne neugierige Blicke kennenlernen.

Mademoiselle Bécu nahm seine Einladung gnädig an und so machte sich Ludwig XV an die Arbeit. Oder besser gesagt, er ließ seine Diener arbeiten. Seine Zimmer mussten aufgefrischt werden. Seine Sachen wurden gereinigt und poliert. Zu allen Vasen wurden frische Blumen zur Dekoration gebracht. Die besten Weine wurden aus den Kellern gesucht. Die Köche wurden beauftragt, köstliche Leckereien zuzubereiten, die gut zu den Weinen passen würden. Alles musste perfekt sein.

Der neue Enthusiasmus des Königs überraschte seine Mitar-

furono felici anche se avrebbero voluto un po' più di tempo per soddisfare le sue richieste. Tuttavia, erano abituati ai suoi capricci e si assicurarono che tutto fosse come desiderava prima dell'arrivo del suo ospite. Il Re stesso si sentiva stranamente nervoso e non riusciva a stare fermo mentre aspettava la Mademoiselle. Alla fine, proprio quando stava iniziando a perdere la pazienza, qualcuno annunciò che la mademoiselle era arrivata.

"Falla entrare", rispose immediatamente il re.

Le porte si aprirono e Mademoiselle Bécu entrò lentamente, come se non fosse sicura di poterlo fare. Si fermò appena lo vide e fece un profondo inchino.

"Vostra Maestà, vi sono gra-

beiter, aber sie freuten sich darüber, obwohl sie sich etwas mehr Zeit gewünscht hätten, um seine Anforderungen zu erfüllen. Trotzdem waren sie an seine Launen gewöhnt und sorgten dafür, dass alles so war, wie er es sich wünschte, bevor sein Gast kam. Der König selbst war seltsam nervös und konnte nicht still bleiben, während er auf die Mademoiselle wartete. Schließlich, als er allmählich die Geduld verlor, meldete jemand, die Mademoiselle sei eingetroffen.

„Schick sie rein", erwiderte der König sofort.

Die Türen öffneten sich und Mademoiselle Bécu trat langsam ein, als wäre sie sich nicht sicher, ob das erlaubt sei. Sie blieb stehen, als sie ihn sah, und machte einen tiefen Knicks.

„Majestät, ich danke Ihnen für

ta per il vostro invito", mormorò dolcemente.

Il Re trovò affascinante la sua improvvisa timidezza. Non era sicuro di come fosse possibile, ma lei sembrava ancora più bella al tenue bagliore delle candele. Con un ampio sorriso, le fece cenno di avvicinarsi a un tavolino e le chiese se volesse bere del vino. La ragazza sembrò stupita dalla sua collezione di delizie di vario tipo e si sedette. Dopo qualche bicchiere di vino, le cose andarono molto meglio e Mademoiselle Bécu si rilassò.

Se Luigi XV trovava attraente il suo aspetto, era anche affascinato dalla sua personalità allegra. Era frizzante e divertente, flirtava spudoratamente ma arrossiva ogni volta che lui le faceva un compli-

Ihre Einladung", murmelte sie leise.

Der König fand ihre plötzliche Schüchternheit bezaubernd. Er war sich nicht sicher, wie das möglich war, aber im sanften Schein der Kerzen sah sie noch schöner aus. Jetzt strahlend deutete er auf einen kleinen Tisch und fragte, ob sie etwas Wein haben möchte. Sie schien erstaunt über seine Sammlung verschiedener ausgefallener Leckereien, als sie sich setzte. Nach ein paar Gläsern Wein lief alles viel glatter, da sich Mademoiselle Bécu entspannte.

Wenn Louis XV ihr Aussehen ansprechend fand, war er auch von ihrer fröhlichen Persönlichkeit bezaubert. Sie war lebhaft und lustig, flirtete schamlos, wurde aber jedes Mal rot, wenn er ihr ein Kompliment machte.

mento. Era esperta di arte e sapeva conversare sulle ultime tendenze e sui classici. Si comportava come una signora ma aveva anche abitudini poco raffinate.

In breve, era diversa da tutte le donne che il re avesse mai incontrato. Lo faceva sentire di nuovo giovane. Giovane, entusiasta ed energica. Era come una luce calda e brillante dopo anni di freddo e di oscurità. Si stava rapidamente innamorando e non poteva fare a meno di lei. La loro serata insieme era solo un inizio. Voleva di più, molto di più.

Una serata si trasformò in due e poi in tre. Se avesse potuto, l'avrebbe tenuta vicina più a lungo, ma come Re aveva anche dei doveri che gli portavano via molto tempo. Ma

Sie kannte sich mit Kunst aus und konnte sich sowohl über die neuesten Trends als auch über die Klassiker unterhalten. Sie benahm sich wie eine Dame, hatte aber auch einige unausgereifte Angewohnheiten.

Kurz gesagt, sie war anders als jede Frau, die der König je getroffen hatte. Sie ließ ihn sich wieder jung fühlen. Jung, enthusiastisch und energisch. Sie war wie ein helles und warmes Licht nach Jahren der Kälte und Dunkelheit. Er verliebte sich schnell und konnte nicht genug von ihr bekommen. Ihr gemeinsamer Abend war nur ein Anfang. Er wollte mehr, viel mehr.

Aus einem Abend wurden zwei und dann drei. Wenn er gekonnt hätte, hätte er sie länger bei sich behalten, aber als König hatte er auch Pflichten, die viel

quando non erano insieme, pianificava i loro prossimi incontri. Presto l'avrebbe invitata ad accompagnarlo in vacanza. Un palazzo più piccolo con meno persone avrebbe offerto loro più privacy. Il tempo trascorso insieme fu meraviglioso e pieno dell'eccitazione di un nuovo amore. Ma poi fu il momento di affrontare la loro prima vera battaglia.

Luigi XV non era a conoscenza del legame di Jeanne con ilRoué. Infatti, gli era stato deliberatamente tenuto nascosto, tra l'altro corrompendo i suoi aiutanti perché non ne parlassero. Il Re disprezzava ilRoué anche se l'uomo era un nobile. Non si fidava affatto del conte perché aveva sentito parlare delle sue macchinazioni assetate di potere. Così, quando al Re fu rivelato che Jeanne

Zeit in Anspruch nahmen. Aber wenn sie nicht zusammen waren, plante er ihre nächsten Treffen. Bald lud er sie ein, ihn in seinen Urlaub zu begleiten. Ein kleinerer Palast mit weniger Menschen würde ihnen mehr Privatsphäre bieten. Ihre gemeinsame Zeit war wunderbar und voller Aufregung einer neuen Liebe. Aber dann war es an der Zeit, sich ihrem ersten wirklichen Kampf zu stellen.

Sehen Sie, Ludwig XV. hatte nichts von Jeannes Verbindung zum Roué gewusst. Tatsächlich war es vorsätzlich vor ihm geheim gehalten worden, unter anderem durch Bestechung seine Helferdarüber zu schweigen. Der König verachtete den Roué, obwohl der Mann ein Adliger war. Er traute dem Comte überhaupt nicht, weil er von den machtgierigen Machenschaften des Man-

viveva con il conte, si sentì tradito.

Si infuriò e chiese di sapere perché era stato mantenuto il segreto. Che ruolo aveva Jeanne nei piani dei Roué? Jeanne giurò di non essere a conoscenza di alcun piano e che i suoi sentimenti per lui erano reali. Che non aveva tramato nulla, ma che temeva che il suo passato lo avrebbe fatto arrabbiare. Sebbene il Re fosse ancora un po' diffidente nei suoi confronti, voleva credere alla sua storia. Non era contento del suo passato di cortigiana, ma i suoi sentimenti erano troppo profondi perché questo fosse un problema serio. Così le fece giurare che non gli avrebbe nascosto nient'altro. Lei glielo promise immediatamente e le cose tornarono alla normalità.

nes gehört hatte. Als dem König bekannt wurde, dass Jeanne bei dem Comte gelebt hatte, fühlte er sich betrogen.

Er tobte und wollte wissen, warum es geheim gehalten worden war. Welche Rolle hatte Jeanne in den Plänen der Roué? Jeanne schwor, dass sie keine Pläne hatte und dass ihre Gefühle für ihn echt waren. Dass sie nichts geplant hatte, aber Angst hatte, dass ihre Vergangenheit ihn abstoßen würde. Obwohl der König ihr gegenüber immer noch etwas misstrauisch war, wollte er ihr glauben. Er war nicht glücklich über ihre Vergangenheit als Kurtisane, aber seine Gefühle waren zu tief, um ein ernsthaftes Problem darzustellen. Also ließ er sie schwören, dass sie ihm nichts mehr vorenthalten würde. Sie versprach ihm das sofort und die Dinge normalisierten sich

"Oh ma chérie, ti voglio tutta per me. Ho bisogno di averti qui vicino a me", le mormorò LuigiXV mentre si accoccolavano sul suo letto una notte.

"Ma come potrebbe accadere, amore mio? Non c'è posto per me a corte", disse Jeanne voltandosi verso di lui.

Luigirimase in silenzio per un momento, riflettendo sulla sua domanda. All'improvviso sembrò avere un'idea e sorrise ampiamente.

"Potrebbe esserci, ma chérie", disse entusiasta.

"Oh?"

"Potremmo presentarti alla mia corte come maitresse-en-titre", spiegò.

La posizione di maîtresse-en-titre, la principale amante del Re, comportava alcuni van-

„Oh ma chérie, ich will dich ganz für mich allein haben. Ich brauche dich hier in meiner Nähe", murmelte Louis XV ihr ins Ohr, als sie eines Nachts zusammen auf seinem Bett kuschelten.

„Aber wie konnte das passieren, meine Liebe? Vor Gericht ist kein Platz für mich", sagte Jeanne, als sie sich zu ihm umdrehte.

Louis schwieg einen Moment und dachte über ihre Frage nach. Plötzlich schien er eine Idee zu haben und lächelte breit.

„Das könnte sein, ma chérie", sagte er begeistert.

„Oh?"

„Wir könnten Sie an meinem Hof als maitresse-en-titre vorstellen", erklärte er.

Die Position der obersten Mätresse des Königs, maîtresse-en-

taggi. La favorita del Re sarebbe stata presentata a corte e avrebbe avuto una stanza tutta sua in tutte le residenze reali. Avrebbe avuto il diritto di partecipare a tutti gli eventi di corte con lui. Non avrebbero dovuto nascondere la loro relazione a nessuno. Sarebbe stato quasi come essere sposati con lui, le spiegò Luigi.

A Jeanne piacque molto la sua idea e fu subito pronta a trasferirsi a palazzo. Fu piuttosto delusa quando Luigi la avvertì che il processo sarebbe stato lungo. C'erano infatti alcuni problemi che avrebbero dovuto risolvere prima di poterlo fare. Per prima cosa, avrebbe dovuto essere sposata. Inoltre, solo le nobildonne sarebbero state ammesse al ruolo. Jeanne non riusciva a capire come avrebbero potuto risolve-

titre, hatte gewisse Vorteile eingebaut. Die Wahl des Königs würde dem Gericht vorgelegt und würde ihre eigenen Räume in allen königlichen Residenzen bekommen. Sie hätte das Recht, mit ihm an allen Gerichtsveranstaltungen teilzunehmen. Sie müssten ihre Beziehung vor niemandem verstecken. Es wäre fast so, als wäre ich mit ihm verheiratet, erklärte Louis ihr.

Jeanne war von seiner Idee begeistert und war sofort bereit, in den Palast einzuziehen. Sie war ziemlich enttäuscht, als Louis sie warnte, dass der Prozess langwierig sein könnte. Da es nur wenige Probleme gab, die sie lösen mussten, bevor dies möglich war. Zum einen müsste sie verheiratet sein. Und obendrein kämen nur edle Damen für die Rolle infrage. Jeanne konnte sich nicht vorstellen, wie sie diese Probleme lösen

re questi problemi, ma fortunatamente per lei il Re aveva già qualche idea.

Avrebbe sfruttato la brama di potere dei Roué nel suo piano per avere Jeanne tutta per sé. Sapeva che il Roué aveva un fratello minore non sposato, il Conte Guillaume du Barry. Il Re era sicuro che, dietro pagamento di una certa somma, avrebbe potuto convincere il fratello a contrarre un matrimonio di convenienza con Jeanne. In questo modo la sua chérie si sarebbe sposata e sarebbe diventata una nobildonna, una Contessa. In seguito, Jeanne avrebbe potuto essere presentata a corte come Madame du Barry e non ci sarebbero stati più ostacoli alla loro vita insieme.

Il piano del Re richiese quasi

würden, aber zu ihrem Glück hatte der König bereits einige Ideen.

Er würde die Machtgier des Roué für seinen Plan nutzen, Jeanne ganz für sich allein zu haben. Er wusste, dass der Roué einen jüngeren unverheirateten Bruder hatte, den Comte Guillaume du Barry. Der König war sich sicher, dass dieser Bruder gegen eine bestimmte Zahlung zu einer Scheinehe mit Jeanne überredet werden könnte. Dies würde sowohl seine Chérie heiraten als auch sie in eine Dame mit Titel, eine Comtesse, verwandeln. Danach könnte Jeanne als Madame du Barry vor Gericht gestellt werden und ihrem gemeinsamen Leben würde nichts mehr im Wege stehen.

Es dauerte fast ein Jahr, bis der Plan des Königs von einer

un anno per trasformarsi da idea a realtà. Era abbastanza facile convincere ilRoué ad aiutarli, ma la sua corte si rivelò più difficile. Nessuno voleva offrirsi volontario per presentare la nuova Madame du Barry ed era fondamentale che la presentazione fosse fatta da un rispettato membro della nobiltà. Alla fine, il Re riuscì a corrompere una delle dame affinché accettasse il suo piano. Così, nell'aprile del 1769, Jeanne Bécu fu presentata alla corte reale francese come Madame du Barry, la nuova maitresse-en-titre del Re.

Idee in die Tat umgesetzt wurde. Der Roué war leicht zu überreden, ihnen zu helfen, aber sein Gericht erwies sich als schwieriger. Niemand wollte sich freiwillig melden, um die neue Madame du Barry vorzustellen, und es war wichtig, dass die Präsentation von einem angesehenen Mitglied des Adels gehalten wurde. Schließlich gelang es dem König, eine der Damen zu bestechen, damit sie seinem Plan zustimmte. Und so wurde Jeanne Bécu im April 1769 als Madame du Barry, die neue maitresse-en-titre des Königs, dem französischen Königshof vorgestellt.

CAPÍTOLO 8

I nemici reali
Königliche Feinde

Jeanne stentava a crederci. Aveva sposato un nobile, era diventata una nobildonna e poi un'amante del re Luigi XV in persona. Nemmeno nei suoi sogni più sfrenati avrebbe mai puntato a tanto. Certo, sapeva che ilRoué aveva pianificato tutto questo, ma tutto sarebbe stato inutile se il re non si fosse innamorato di lei.

Essere l'oggetto dell'amore del Re era, in poche parole, incredibile. Le regalò persino il castello di Louveciennes. Ora aveva una residenza tutta sua dove poteva fare tutto ciò che voleva. Luigi era dolce nel suo affetto e la faceva sentire amata e rispettata. Ed era così

Jeanne konnte es kaum glauben. Sie hatte einen Adligen geheiratet, war eine Dame mit Titel geworden und dann eine Mätresse für König Ludwig XV. Selbst in ihren wildesten Träumen hätte sie nie so weit gestrebt. Sicher, sie hatte gewusst, dass die Roué das geplant hatten, aber trotzdem wäre alles umsonst gewesen, wenn der König ihr nicht verfallen wäre.

Das Objekt der Liebe des Königs zu sein, war einfach unglaublich. Er schenkte ihr sogar das Chateau de Louveciennes. Sie hatte jetzt ihre eigene Wohnung, wo sie machen konnte, was sie wollte. Louis war süß in seiner Zuneigung und gab ihr das Gefühl, geschätzt und respektiert zu

facile prendersi cura di lui a sua volta, che le veniva naturale come respirare. Giorno dopo giorno Jeanne si sentiva innamorata di lui, anche se all'inizio cercava di mantenere le distanze. Sapeva che il Roué aveva altri piani per lei nella sua ricerca di potere, anche se nel panico aveva detto al Re il contrario.

Ma non aveva tempo di preoccuparsi dei piani futuri del Roué perché aveva già abbastanza problemi nella sua nuova vita a corte. Ingenuamente, aveva pensato che la sua nuova posizione e il suo status di nobildonna l'avrebbero fatta accettare da tutti. Purtroppo non era così. Tutti a corte amavano spettegolare e quindi tutti sapevano del suo passato. Tuttavia, l'opinione dei membri minori della corte

werden. Und es war so einfach, sich im Gegenzug um ihn zu kümmern, es kam ganz natürlich wie das Atmen. Tag für Tag konnte Jeanne spüren, wie sie sich in ihn verliebte, obwohl sie zunächst versuchte, Abstand zu halten. Sie wusste, dass der Roué bei seinem Streben nach Macht mehr mit ihr vorhatte, obwohl sie in ihrer Panik dem König etwas anderes gesagt hatte.

Aber sie hatte keine Zeit, sich über die Zukunftspläne des Roué Gedanken zu machen, da sie in ihrem neuen Leben am Hof genug Probleme hatte. Naiverweise hatte sie gedacht, dass ihre neue Position und ihr Status als Dame mit Titel durch ihre Ehe alle dazu bringen würden, sie zu akzeptieren. Leider war dies nicht der Fall. Jeder im Gericht liebte es zu klatschen und so wussten alle von ihrer Vergangenheit. Obwohl die

non era nemmeno il problema più grande per lei. Ma il fatto che il futuro Re e la Regina sembrassero disprezzarla lo era.

L'erede e successore del Re era suo nipote Luigi Augusto, che si sarebbe sposato con l'arciduchessa austriaca Maria Antonietta nella primavera del 1770. Entrambi erano giovani adolescenti all'epoca e per qualche motivo la giovane arciduchessa sembrava aver odiato Jeanne fin dal primo sguardo. Poiché Maria Antonietta sarebbe diventata la futura regina di Francia, la maggior parte delle persone a corte voleva compiacerla seguendo il suo esempio. E se la corte era già diffidente nei confronti di Jeanne, questo nuovo colpo di scena rese le cose ancora

Meinung kleinerer Gerichtsmitglieder nicht einmal das größte Problem für sie war. Aber die Tatsache, dass der zukünftige König und die Königin sie zu verachten schienen, war es.

Erbe und Nachfolger des Königs war sein Enkel Louis-Auguste, der im Frühjahr 1770 mit der österreichischen Erzherzogin Marie-Antoinette verheiratet werden sollte. Beide waren damals junge Teenager, und aus irgendeinem Grund schien die junge Erzherzogin Jeanne gehasst zu haben vom ersten blick. Da Marie-Antoinette die zukünftige Königin von Frankreich werden sollte, wollten die meisten Leute vor Gericht ihr gefallen, indem sie ihrem Beispiel folgten. Und als das Gericht Jeanne bereits auf der Hut war, machte diese neue Wendung der Ereignisse die Sache

più difficili per lei.

Pur facendo del suo meglio per comportarsi con grazia e seguire l'etichetta di corte, la sua educazione umile l'aveva segnata. Solo le sorelle Roué, soprannominate Chon e Pischi, erano diventate le sue vere amiche a corte. Tutti gli altri intorno a lei erano spie dei suoi nemici o corrotti dai Roué o dal Re. E queste signore si assicuravano che lei sapesse dove si trovava la loro lealtà facendo continuamente commenti sprezzanti in sua presenza e alle sue spalle. Inoltre, l'ambientamento di Jeanne a corte non fu aiutato dal fatto che i Roué le chiedevano di partecipare alle questioni politiche.

Nel 1770, due nobili lottarono per il potere alla corte

noch schwieriger für sie.

Während sie ihr Bestes gab, sich anmutig zu verhalten und der Hofetikette zu folgen, hatte ihre gemeinsame Erziehung Spuren bei ihr hinterlassen. Nur die Schwestern der Roué mit den Spitznamen Chon und Pischi waren ihre wahren Freundinnen vor Gericht geworden. Jeder andere um sie herum war entweder ein Spion für ihre Feinde oder vom Roué oder dem König bestochen worden. Und diese Damen stellten sicher, dass sie wusste, wo ihre Loyalität stand, indem sie in ihrer Gegenwart und hinter ihrem Rücken ständig abfällige Bemerkungen machten. Darüber hinaus wurde Jeannes Eingewöhnung an den Hof nicht dadurch begünstigt, dass Roué sie aufforderte, sich an politischen Angelegenheiten zu beteiligen.

1770 kämpften zwei Adlige am französischen Königshof um die

reale francese: Il duc d'Aiguillon e il duc de Choiseul, che all'epoca era il ministro capo. d'Aiguillon era favorito dai Roué, mentre Choiseul aveva molti amici e sostenitori a corte. I più importanti erano Maria Antonietta e la sua cerchia di confidenti. Purtroppo per Choiseul, stava lentamente perdendo il rispetto e la fiducia del Re. Un fatto che non lo aiutava, dato che disprezzava apertamente Jeanne perché temeva che complottasse contro di lui.

Sebbene Jeanne non fosse interessata alla politica, il suo accordo con i Roué la portò a rovesciare Choiseul. Aveva scoperto dal suo vecchio amante e protettore che Choiseul stava tramando una guerra contro l'Inghilterra, cosa che il Re stava cercando di

Macht: Duc d'Aiguillon und Duc de Choiseul, der damalige Ministerpräsident. d'Aiguillon würde von den Roué bevorzugt, während Choiseul viele Freunde und Unterstützer vor Gericht hatte. Die bemerkenswertesten davon waren Marie-Antoinette und ihr Kreis von Vertrauten. Unglücklicherweise für Choiseul hatte er langsam den Respekt und das Vertrauen des Königs verloren. Eine Tatsache, die nicht dadurch unterstützt wurde, dass er Jeanne offen verachtete, da er befürchtete, dass sie ein Komplott gegen ihn plante.

Obwohl Jeanne selbst nicht sehr an Politik interessiert war, führte ihr Deal mit den Roué schließlich dazu, dass sie Choiseul stürzte. Sie hatte von ihrem alten Liebhaber und Zuhälter erfahren, dass Choiseul einen Krieg gegen England plante, was der König

evitare. Ritenendo che l'informazione avrebbe giovato al suo nuovo amore, rivelò i complotti di Choiseul a Luigi XV. Per il Re questa fu la goccia che fece traboccare il vaso e nel dicembre del 1770 licenziò Choiseul da corte, lasciando il suo posto a d'Aiguillon.

Purtroppo questa catena di eventi rese ancora più difficile il tempo di Jeanne a corte. Aveva ormai rovesciato il ministro preferito di Maria Antonietta. Se prima l'Arciduchessa aveva parlato male di lei solo nell'ombra e alle sue spalle, ora la giovane Duchessa di Francia la disprezzava apertamente. Sembrava addirittura che Maria avesse fatto della umiliazione di Jeanne il suo principale scopo di vita.

"Non posso sopportare tut-

vehement zu vermeiden versuchte. Als sie sah, dass die Informationen ihrer neuen Liebe zugute kommen würden, enthüllte sie Louis XV die Pläne von Choiseuls. Für den König war dies der letzte Strohhalm und er entließ Choiseul im Dezember 1770 vom Gericht und übertrug seine Position d'Aiguillon.

Leider machte diese Verkettung von Ereignissen Jeannes Zeit am Hof noch schwieriger. Sie hatte jetzt den Lieblingsminister von Marie-Antoinette gestürzt. Hatte die Erzherzogin früher nur im Schatten und hinter ihrem Rücken schlecht über sie geredet, so verachtete die junge Dauphine von Frankreich sie jetzt offen. Marie schien es sogar zu ihrer Hauptaufgabe im Leben gemacht zu haben, Jeanne so weit wie möglich zu demütigen.

to questo. Si diverte a tormentarmi e io non posso fare nulla perché lei è la futura regina. È umiliante!" Jeanne si rivolse al Re in lacrime circa un anno dopo.

Era appena tornata dal teatro dove aveva dovuto subire un altro dei crudeli scherzi di Maria Antonietta. La Duchessa aveva rubato il posto a Jeanne e ai suoi amici con il suo seguito e poi si era rifiutata di spostarsi. A causa del rigido galateo di corte, Jeanne non poteva parlare alla Duchessa finché Maria Antonietta non le avesse rivolto la parola per prima e dopo due anni non l'aveva ancora fatto. L'intero teatro aveva assistito all'umiliazione di Jeanne.

"Oh ma chérie, non piangere. È ancora giovane, sono si-

„Ich ertrage das nicht. Sie genießt es, mich zu quälen, und ich kann nichts tun, weil sie die zukünftige Königin ist. Es ist demütigend!" Jeanne weinte etwa ein Jahr später zum König.

Sie war gerade aus dem Theater zurückgekommen, wo sie einen weiteren von Marie-Antoinettes grausamen Streichen hatte ertragen müssen. Die Dauphine hatte Jeanne und ihren Freunden die Sitze mit ihrem Gefolge gestohlen und sich dann geweigert, sich von ihnen zu entfernen. Aufgrund der strengen Hofetikette konnte Jeanne nicht mit der Dauphine sprechen, bis Marie-Antoinette sie zuerst ansprach, und nach zwei Jahren hatte sie dies noch nicht getan. Das ganze Theater war Zeuge von Jeannes Demütigung geworden.

„Oh Ma Chérie, weine nicht.

curo che non vuole essere crudele", disse il Re cercando di calmare la sua amante in lacrime.

"Come posso essere felice se sono disprezzata qui? La corte non mi accetterà mai veramente finché lei non lo farà", si lamentò Jeanne singhiozzando.

"Penserò a qualcosa, chérie. Non voglio che tu provi questo dolore", disse infine il Re.

Anche lui si stava stancando delle azioni infantili della giovane Duchessa, sebbene avesse sempre avuto un buon rapporto con lei. Aveva cercato di dare a Maria Antonietta il tempo di adattarsi alla corte francese e aveva quindi sorvolato su alcuni dei suoi trucchi crudeli. Ma ora tutto questo stava diventando eccessivo e

Sie ist noch jung, ich bin sicher, sie will nicht grausam sein", versuchte der König seine weinende Geliebte zu beruhigen.

„Wie kann ich glücklich sein, wenn ich hier verachtet werde? Das Gericht wird mich nie wirklich akzeptieren, bis sie es tut", beschwerte sich Jeanne schluchzend bei ihm.

„Ich werde mir etwas einfallen lassen, Chérie. Ich möchte nicht, dass du diesen Kummer fühlst", sagte der König schließlich.

Auch er war des kindischen Verhaltens der jungen Dauphine überdrüssig, obwohl er selbst immer ein gutes Verhältnis zu ihr gehabt hatte. Er hatte versucht, Marie-Antoinette Zeit zu geben, sich vor dem französischen Gericht anzupassen, und dabei einige ihrer grausamen Tricks übersehen. Aber jetzt wurde ihm alles zu

lui voleva concentrarsi su altre cose che non fossero il comportamento infantile della ragazza. Per non parlare del fatto che stava diventando un grande imbarazzo per lui il fatto che la ragazza non accettasse Jeanne. Così scrisse ai suoi parenti più stretti in Austria, facendo pressione affinché consigliassero alla Duchessa di riconoscere la sua amante. Quanto prima, tanto meglio.

Per un po' sembrò che il suo piano non avrebbe funzionato perché Maria Antonietta era troppo testarda per il suo bene. Ma poi accettò a malincuore le sue richieste sotto la pressione di più fronti. Così, il giorno di Capodanno del 1772, finalmente si avvicinò a Madame du Barry. La corte stava festeggiando nella Sala

weit, und er wollte sich auf andere Dinge konzentrieren als auf das kindische Verhalten des Mädchens. Ganz zu schweigen davon, dass es ihm zunehmend peinlich wurde, dass das Mädchen Jeanne nicht akzeptierte. Also schrieb er an ihre nahen Verwandten in Österreich und drängte sie, der Dauphine zu raten, seine Geliebte anzuerkennen. Je früher desto besser.

Eine Zeit lang sah es so aus, als würde sein Plan nicht funktionieren, weil Marie-Antoinette zu stur für ihr eigenes Wohl war. Aber dann stimmte sie widerwillig seinen Forderungen unter dem Druck an mehreren Fronten zu. Am Neujahrstag 1772 wandte sie sich schließlich an Madame du Barry. Der Hof feierte eine große Feier im Spiegelsaal des Palastes und Marie-Antoinette wandte

degli Specchi del palazzo e Maria Antonietta si rivolse a Jeanne.

"C'è molta gente a Versailles oggi", disse con leggerezza alla stupita favorita del Re.

Solo una frase informale, ma era più che sufficiente. La Duchessa di Francia aveva riconosciuto la maitresse-en-titre del Re davanti a tutta la corte reale. Se lei era disposta ad accettare Jeanne, anche gli altri avrebbero dovuto farlo. Il Re fece un ampio sorriso e abbracciò calorosamente la futura Regina. Jeanne, dal canto suo, era estremamente soddisfatta di questo piccolo riconoscimento.

sich an Jeanne.

„Heute sind viele Leute in Versailles", kommentierte sie leichthin die verblüffte Geliebte des Königs.

Nur ein beiläufiger Satz, aber das war mehr als genug. Die Dauphine von Frankreich hatte die Maitresse-en-Titre des Königs vor dem gesamten königlichen Hof anerkannt. Wenn sie bereit war, Jeanne zu akzeptieren, mussten andere es auch tun. Der König strahlte breit und umarmte die zukünftige Königin herzlich. Jeanne ihrerseits war über diesekleineAnerkennungsehrerfreut.

CAPÍTOLO 9

Dal sogno all'incubo
Vom Traum zum Albtraum

Dopo che Maria Antonietta ebbe accettato la posizione dell'amante del Re a corte, la vita di Jeanne a corte divenne molto più facile. Le persone che prima erano diffidenti nei suoi confronti a causa della Duchessa, ora erano diventate sue amiche. Sembrava che in una sola notte il destino avesse risolto tutte le preoccupazioni di Jeanne. Ora poteva concentrarsi sulle cose che le stavano più a cuore.

Questo significava concentrarsi sulle arti e sulla cultura invece che sulla politica. Jeanne aveva trascurato di decorare Louveciennes, quindi ora acquistava con entusiasmo mera-

Nachdem Marie-Antoinette die Position der Geliebten des Königs am Hof angenommen hatte, wurde Jeannes Leben am Hof viel einfacher. Die Leute, die zuvor wegen der Dauphine davor zurückschreckten, sich ihr zu nähern, wurden nun ihre Freunde. Es schien, als hätte das Schicksal in nur einer Nacht alle Sorgen von Jeanne gelöst. Sie konnte sich jetzt mehr auf Dinge konzentrieren, die ihr wichtig waren.

Das bedeutete, sich auf Kunst und Kultur statt auf Politik zu konzentrieren. Jeanne hatte es versäumt, Louveciennes zu dekorieren, also kaufte sie jetzt aufgeregt wunderbare Möbel und

gliosi mobili e opere d'arte per il suo castello. Poi aveva bisogno di rinnovare il suo guardaroba: l'amante del Re doveva sempre apparire al meglio. Parte di questo aspetto consisteva nell'avere dei gioielli adatti da abbinare a ogni nuovo vestito. Acquistare nuove opere d'arte e gioielli poteva essere una cattiva abitudine per Jeanne, ma almeno il denaro che usava per questi oggetti poteva essere considerato un investimento per il futuro.

Jeanne amava vivere il momento e si concentrava per sfruttare al meglio il suo tempo a corte. Sapeva che il Re era vecchio e non sarebbe vissuto per sempre. E quando il Re sarebbe morto, i nuovi sovrani l'avrebbero sicuramente esiliata da corte. Naturalmente, Luigi XV era anche noto per an-

Kunstwerke für ihr eigenes Schloss. Dann musste sie ihre Garderobe auffrischen, die Geliebte des Königs musste immer gut aussehen. Dazu gehörte, zu jedem neuen Outfit den passenden Schmuck zu haben. Neue Kunst und Schmuck zu kaufen mag Jeannes schlechte Angewohnheit gewesen sein, aber zumindest das Geld, das sie dafür verwendet hat, kann als Investition für die Zukunft angesehen werden.

Jeanne lebte gerne im Moment und konzentrierte sich darauf, das Beste aus ihrer Zeit vor Gericht zu machen. Sie wusste, dass der König alt war und nicht ewig leben würde. Und wenn der König sterben würde, würden die neuen Herrscher sie sicherlich vom Hof verbannen. Natürlich war Louis XV auch dafür be-

noiarsi facilmente e Jeanne temeva che il suo affetto per lei potesse un giorno venir meno e allora cosa avrebbe fatto? Ma sembrava che il resto della corte avesse preoccupazioni più gravi.

"Sei preoccupata, Jeanne?" Le chiese seriamente la sua amica e cognata Chon una sera mentre cenavano insieme.

"Perché dovrei essere preoccupata? Va tutto bene", rispose Jeanne, confusa. Dopo tutto, aveva tutto ciò a cui poteva ambire.

"Finora, ma non hai sentito i sussurri e le voci?". Chon continuò.

"Quali voci? Ce ne sono sempre tante", disse Jeanne ridendo, cercando di alleggerire l'atmosfera.

"Che le cose stanno cam-

kannt, sich schnell zu langweilen, und Jeanne hatte Angst, dass seine Zuneigung zu ihr eines Tages verschwinden könnte, und was würde sie dann tun? Aber es schien, als hätte der Rest des Gerichts dramatischere Sorgen.

„Machst du dir Sorgen, Jeanne?" fragte ihre Freundin und Schwägerin Chon eines Abends ernsthaft, als sie zusammen dinierten.

„Warum sollte ich mir Sorgen machen? Alles ist in Ordnung", antwortete Jeanne verwirrt. Schließlich hatte sie alles, was sie sich erhoffen konnte.

„Bis jetzt, aber hast du das Geflüster und die Gerüchte noch nicht gehört?" Chon fuhr fort.

„Was für Gerüchte? Es sind immer so viele", sagte Jeanne lachend und versuchte, die Stimmung aufzuhellen.

„Dass sich die Dinge ändern,

biando, che la gente sta diventando inquieta e arrabbiata. Potrebbero esserci rivolte e scoppi di violenza nel nostro futuro", sussurrò Chon, come se pronunciare ad alta voce questi timori potesse farli avverare.

"Le persone hanno sempre combattuto tra di loro. Perché preoccuparsi di questo?".

"Ma questa volta potrebbero venire a cercare noi. La monarchia, la corte reale e la nobiltà", spiegò Chon con tono grave.

"Beh, è un bene che io non sia nata nobile. Non preoccuparti, tesoro. Ci sono sempre voci inquietanti ma siamo ancora tutti qui, no? Il popolo francese potrà anche lamentarsi, ma rispetta la corona", disse Jeanne con leggerezza e l'argomento fu lasciato cadere.

die Menschen werden unruhig und wütend. In unserer Zukunft könnte es zu Aufständen und Gewaltausbrüchen kommen", flüsterte Chon zurück, als würde das laute Aussprechen der Ängste sie auslösen.

„Die Menschen haben immer untereinander gekämpft. Warum sich darüber Sorgen machen?"

„Aber dieses Mal könnten sie hinter uns her sein. Die Monarchie, der Königshof und der Adel", erklärte Chon ernst.

„Nun, es ist gut, dass ich nicht als edle Dame geboren wurde. Oh, mach dir keine Sorgen, Süße. Es gibt immer wieder ominöse Gerüchte, aber wir sind doch alle noch da, oder? Die Menschen in Frankreich mögen sich beschweren, aber sie respektieren die Krone", sagte Jeanne leichthin, und das Thema wurde fallen gelassen.

Naturalmente anche lei aveva sentito voci su future rivolte, ma non se ne preoccupava più di tanto. I primi anni aveva vissuto come una popolana e in un certo senso si considerava ancora tale, quindi i timori reali degli altri nobili non la toccavano. Anche perché la sua personalità felice e la sua mentalità positiva non le permettevano di struggersi di paura. Era sempre sopravvissuta alle sue lotte e avrebbe continuato a farlo. Tuttavia, aveva anche altri problemi su cui concentrarsi.

Oltre ad essere un po' paranoica per aver perso l'amore del Re, doveva affrontare il Roué e le sue richieste. Lui non era contento della sua decisione di rimanere fuori dalla politica e cercava di farle cambiare idea. Inoltre, la ricattava sot-

Sie hatte natürlich auch Gerüchte über zukünftige Aufstände gehört, machte sich darüber aber nicht allzu viele Gedanken. Sie hatte ihre ersten Jahre als Bürgerliche gelebt, sie sah sich in gewisser Weise immer noch als solche, sodass die wirklichen Ängste anderer Adliger sie nicht berührten. Zum Teil, weil ihre fröhliche Persönlichkeit und ihre positive Einstellung es ihr nicht erlauben würden, vor Angst zu grübeln. Sie hatte ihre Kämpfe immer überstanden und würde dies auch weiterhin tun. Obwohl sie auch andere Probleme hatte, auf die sie sich konzentrieren musste.

Abgesehen davon, dass sie ein bisschen paranoid war, weil sie die Liebe des Königs verloren hatte, musste sie sich mit dem Roué und seinen Forderungen auseinandersetzen. Er war nicht glücklich über ihre Entscheidung, sich aus der Politik herauszuhalten, und versuchte, sie dazu zu bringen, ihre Meinung zu ändern.

tilmente per convincere il Re a dargli più soldi. Fortunatamente Luigi XV non permise al Roué di entrare nella corte reale, ma il conte scriveva regolarmente a Jeanne. Le sue lettere erano piene di minacce poco velate.

Mia cara Madame,

Non ho più avuto vostre notizie dalla mia ultima lettera. Spero che il vostro silenzio significhi che state lavorando per soddisfare le mie richieste. Avete la fiducia e il rispetto del nostro re, quindi per convincerlo non dovrebbe volerci molto. Sono sicuro che non devo ricordarvi di nuovo qual è la posta in gioco. Ricordate solo che il consenso del re va a vantaggio di entrambi. Tutti noi non vorremmo vederlo disinnamorarsi.

Il vostro umile cognato,
Il Roué

Außerdem erpresste er sie auf subtile Weise, um den König davon zu überzeugen, ihm mehr Geld zu geben. Zum Glück ließ Louis XV den Roué nicht an den königlichen Hof, aber der Comte schrieb regelmäßig an Jeanne. Seine Briefe waren voller kaum verhüllter Drohungen.

Meine liebe Madame,

Seit meinem letzten Brief habe ich nichts mehr von Ihnen gehört. Ich hoffe, Ihr Schweigen bedeutet, dass Sie daran arbeiten, meine Bitten zu erfüllen. Ihr genießt das Vertrauen und den Respekt unseres Königs, also sollte es nicht allzu lange dauern, ihn zu überzeugen. Ich bin sicher, ich muss Sie nicht noch einmal daran erinnern, was auf dem Spiel steht. Denken Sie nur daran, dass die Zustimmung des Königs uns beiden zugute kommt. Wir alle würden es hassen zu sehen, wie er die Liebe verliert.

Ihr bescheidener Schwager,
Das Roue

Jeanne si trovò in una situazione difficile, poiché il Re le aveva già comunicato che il conte non avrebbe più ricevuto denaro da lui, ma non era sicura che il conte stesse solo bluffando nelle sue lettere. Sapeva che quell'uomo era molto calcolatore e non avrebbe esitato a smascherare le sue bugie se questo lo avesse avvantaggiato. Cercò di essere ottimista e sperò che si trovasse una soluzione, come spesso era accaduto in passato. Ma il destino aveva in serbo per lei altre cose.

Nella primavera del 1774, la peggiore paura di Jeanne si presentò. Lei e il Re si stavano godendo una bella vacanza primaverile a Louveciennes quando lui si ammalò improvvisamente. Il medico reale ordinò immediatamente di riportare il Re a palazzo per farlo visitare.

Jeanne befand sich in einer schwierigen Lage, da der König ihr bereits mitgeteilt hatte, dass der Comte kein Geld mehr von ihm bekommen würde, aber sie war sich nicht sicher, ob der Comte in seinen Briefen nur bluffte. Sie wusste, dass der Mann sehr berechnend war und nicht zögern würde, ihre Lügen aufzudecken, wenn es ihm nützte. Sie versuchte, positiv zu bleiben und hoffte, dass sich wie so oft eine Lösung ergeben würde. Aber das Schicksal hatte andere Dinge für sie vorgesehen.

Im Frühjahr 1774 wurde Jeannes schlimmste Angst lebendig. Sie und der König hatten schöne Frühlingsferien in Louveciennes verbracht, als er plötzlich krank wurde. Der königliche Arzt befahl sofort, den König in den Palast zurückzubringen, wo er untersucht werden konnte.

Dopo esami approfonditi, il medico diede una notizia devastante. Il Re aveva contratto il vaiolo e probabilmente sarebbe morto entro pochi giorni. Il mondo di Jeanne crollò.

Nach gründlichen Untersuchungen war die Nachricht des Arztes niederschmetternd. Der König hatte sich Pocken zugezogen und würde wahrscheinlich innerhalb weniger Tage sterben. Jeannes Welt brachzusammen.

CAPITOLO 10

Da sola
Ganz allein

Il 10 maggio 1774

Amore mio,

Non sei più qui. Mi hanno appena detto che sei morto. Oh, come il mio cuore soffre per te. Mi sembra di non aver fatto altro che piangere in questi ultimi giorni. Lasciarti è stata la cosa più difficile che abbia mai fatto, ma so perché l'hai chiesto. Volevi essere liberato da tutti i peccati quando il cielo ti ha

Der 10. Mai 1774

Meine Liebe,

Du bist nicht mehr hier. Ich habe gerade von deinem Ableben erfahren. Oh, wie schmerzt mein Herz für dich. Es fühlt sich an, als hätte ich in den letzten Tagen nur geweint. Dich zu verlassen war das Schwierigste, was ich je getan habe, aber ich weiß, warum du darum gebeten hast. Du wolltest von allen Sünden befreit werden, als der Himmel endlich nach

finalmente chiamato. E
come potevo oppormi a
questo tuo umile deside-
rio? Ti voglio tanto be-
ne.

I tuoi ultimi giorni
devono essere stati molto
dolorosi. Ho visto come
la malattia si è impos-
sessata del tuo corpo. E
come la luce dei tuoi occhi
ha iniziato ad affievolirsi.
Il pensiero di non vedere
più i tuoi occhi amorevoli
mi spezza il cuore. Non
sentirò mai più le tue al-
legre risate. Non sentirò
mai il tuo tocco gentile
sul mio corpo.

I giorni a venire sem-

dir rief. Und wie könnte ich
gegen diesen demütigen
Wunsch von dir sein? Ich
liebe dich so sehr.

Deine letzten Tage müs-
sen so sehr schmerzhaft gewesen sein. Ich habe gesehen, wie die Krankheit deinen Körper erfasst hat. Und
wie das Licht in deinen
Augen zu schwinden be-
gann. Der Gedanke, deine
liebevollen Augen nie wieder
zu sehen, bricht mir das
Herz. Ich werde niemals
dein strahlendes Lachen hören. Spüre niemals deine
sanfte Berührung an mei-
nem Körper.

Die kommenden Tage

brano così bui. Non mi sarà permesso di vederti riposare, quindi il mio unico conforto sarà scrivere queste righe per te. Forse, per miracolo, le vedrai o almeno sentirai il mio amore sconfinato per te mentre riposi nel tuo sonno eterno.

La tua chérie,

Jeanne

L'8 giugno 1774

Amore mio,

È passato quasi un mese dalla tua scomparsa. Sto ancora soffrendo. Mi manchi ancora. Sto

scheinen so dunkel. Es wird mir nicht gestattet, dich begraben zu sehen, also wird mein einziger Trost darin bestehen, diese Notizen für dich zu schreiben. Vielleicht siehst du sie durch ein Wunder oder spürst zumindest meine grenzenlose Liebe für dich, während du in deinem ewigen Schlaf ruhst.

Deine Chérie,

Jeanne

Der 8. Juni 1774

Meine Liebe,

Seit deinem Tod ist fast ein Monat vergangen. Ich habe immer noch Schmer-

rivivendo i nostri momenti insieme più e più volte. È così tranquillo qui in questo convento. E passo troppo tempo da sola con i miei pensieri e i miei ricordi.

Continuo a pensare a tutte le cose che avrei dovuto dirti. E a tutte le cose che ti ho nascosto. Non ho mai voluto ingannarti. I miei sentimenti erano veri, sono e saranno sempre veri, anche se le mie intenzioni non erano del tutto pure. Anche se il nostro amore è stato orchestrato dai Roué.

zen. Vermisse dich immer noch. Ich habe unsere gemeinsamen Momente immer wieder durchlebt. Es ist so still hier in diesem Kloster. Und ich verbringe zu viel Zeit allein mit meinen Gedanken und Erinnerungen.

Ich denke ständig an all die Dinge, die ich dir hätte sagen sollen. Und all die Dinge, die ich vor dir versteckt habe. Ich wollte dich nie betrügen. Meine Gefühle waren echt, sind und werden immer echt sein, auch wenn meine Absichten nicht ganz rein waren. Auch wenn unsere Liebe vom Roué orchestriert wurde.

Ma mi sono innamo-
rato di te come tu ti sei
innamorato di me. Vo-
levo prendermi cura di te,
custodirti e amarti come
nessuna aveva mai fatto
prima. Vorrei solo che ci
fosse concesso più tempo
per stare insieme. Per
invecchiare insieme. Ma
tu non ci sei più e io sono
sola.

La tua chérie,

Jeanne

Aber ich habe mich in
dich verliebt, wie du es in
mich getan hast. Ich wollte
mich um dich kümmern, dich
schätzen und lieben wie niemand zuvor. Ich wünschte
nur, wir hätten mehr Zeit
zusammen gehabt. Gemein-
sam alt werden. Aber du bist
weg und ich bin ganz allein.

Deine Chérie,

Jeanne

Il 17 giugno 1774

Amore mio,

Sono stata tormentata
dalle paure. Spero che tu

Der 17. Juni 1774

Meine Liebe,

Ich wurde von Ängsten
geplagt. Ich hoffe, dass du
nie an meiner Liebe gezwei-

non abbia mai dubitato del mio amore come io ho dubitato del tuo. Avevo paura che perdessi interesse per me. Ora so quanto sono stata sciocca. Il tuo amore era costante e non avrei mai dovuto dubitarne. Come potevo dubitare del tuo amore?

Le notti da sola sono state così fredde. I giorni sono così spenti e privi di colore. Non so per quanto tempo mi terranno qui. Confinata in questo buio convento per ordine della Regina. Con Luigi Augusto come nuovo re, Luigi

felt hast, so wie ich an deiner gezweifelt habe. Ich hatte Angst, dass du das Interesse an mir verlieren würdest. Ich weiß jetzt, wie dumm ich war. Du warst beständig in deiner Liebe und ich hätte nie daran zweifeln sollen. Wie könnte ich an deiner Liebe zweifeln?

Allein die Nächte waren so kalt. Die Tage sind so langweilig und farblos. Ich weiß nicht, wie lange sie mich hier festhalten werden. Eingesperrt in diesem dunklen Kloster auf Befehl der Königin. Mit Louis-Auguste als neuem König muss Louis XVI, Marie-

XVI, Maria Antonietta deve essere contenta. Sono sicura che si sta godendo la mia rovina.

Inoltre, io e le suore non andiamo d'accordo. Non approvano il mio stile di vita. Vorrei che tu fossi qui al mio fianco. Mi mancano il tuo amore e il tuo sostegno.

La tua chérie,

Jeanne

Il 21 settembre 1774

Amore mio,

La vita inizia a sentirsi un po' più leggera. Anche se fuori le gior-

Antoinette zufrieden sein. Ich bin sicher, sie genießt meinen Untergang.

Außerdem kommen die Nonnen und ich nicht miteinander aus. Sie billigen meinen Lebensstil nicht. Ich wünschte du wärst hier an meiner Seite. Ich vermisse deine Liebe und Unterstützung.

Deine Chérie,

Jeanne

Der 21. September 1774

Meine Liebe,

Das Leben beginnt sich etwas leichter anzufühlen. Obwohl die Tage draußen dunkler werden, wird mein

nate si fanno più buie, la mia mente si fa più allegra. Mi manchi ancora, ma non posso sprecare i miei giorni. Non lo vorresti, vero? Ti piaceva vedermi allegra e quindi, in tuo onore, tornerò ad esserlo.

Le suore si stanno affezionando a me. Credo che stiano iniziando a vedere oltre i miei peccati. Sai che non sono una persona cattiva anche se ho vissuto in modo immorale. E sono sicura che hanno visto quanto sia reale il mio amore per te. Il convento è così

Geist heller. Ich vermisse dich immer noch, aber ich kann meine Tage nicht verschwenden. Das würdest du doch nicht wollen, oder? Du hast es geliebt, mich munter zu sehen, und so werde ich dir zu Ehren wieder munter sein.

Die Nonnen wärmen sich für mich auf. Ich glaube, sie fangen an, an meinen Sünden vorbei zu sehen. Du weißt, dass ich kein schlechter Mensch bin, auch wenn ich unmoralisch gelebt habe. Und ich bin mir sicher, dass sie gesehen haben, wie echt meine Liebe zu dir ist. Das Kloster fühlt sich heutzutage

caldo oggi e i miei nuovi amici mi confortano nei momenti più bui.

La tua chérie,

Jeanne

Il 5 marzo 1775

Amore mio,

È da tanto che non ti scrivo. Sto imparando a vivere per conto mio. In un certo senso, è stato liberatorio stare qui. Nessun uomo da accontentare. Non c'è bisogno di ingannare nessuno. Le suore hanno apprezzato la mia compagnia. Mi apprezzano per quello

so warm an und meine neuen Freunde trösten mich in den dunkelsten Zeiten.

Deine Chérie,

Jeanne

Der 5. März 1775

Meine Liebe,

Ich habe so lange nicht für dich geschrieben. Ich lerne, alleine zu leben. In gewisser Weise war es befreiend, hier zu sein. Keine Männer zu gefallen. Sie müssen niemanden täuschen. Die Nonnen haben meine Gesellschaft genossen. Sie mögen mich für das, was ich bin, nicht für das, was ich

che sono, non per quello che fingo di essere. Anche se sono sicura che anche tu conoscevi e amavi la vera me.

Ma comunque, come uomo, ti aspettavi la perfezione. Le suore desiderano solo che io faccia del mio meglio. Sono motivata a iniziare una vita completamente nuova. Una vita in cui punterò ad essere migliore. Non preoccuparti! Non ho intenzione di cambiare me stessa o di diventare una vecchia zitella. Ma voglio essere libera da segreti e bugie, da inganni

vorgebe zu sein. Obwohl ich sicher bin, dass du mein wahres Ich auch kanntest und liebst.

Aber trotzdem erwartet man als Mann Perfektion. Die Nonnen wünschen nur, dass ich mein Bestes gebe. Ich bin motiviert, ein ganz neues Leben zu beginnen. Ein Leben, in dem ich danach strebe, besser zu werden. Mach dir keine Sorgen! Ich verändere mich nicht oder werde eine alte Jungfer. Aber ich möchte frei sein von Geheimnissen und Lügen, Betrug und

e finzioni.

Ho osato scrivere a Maria Antonietta. Chiedendo clemenza per poter lasciare questa reclusione. Non ha ancora risposto. Ma spero che sia disposta a essere ragionevole.

La tua chérie,

Jeanne

Il 10 aprile 1775

Amore mio,

Il nostro re mi ha gentilmente concesso il permesso di lasciare finalmente questo convento. Ad una condizione.

Vortäuschung.

Ich habe mich getraut, Marie-Antoinette zu schreiben. Ich bitte um Nachsicht, damit ich diese Haft verlassen kann. Sie hat noch nicht geantwortet. Aber ich hoffe, dass sie bereit ist, vernünftig zu sein.

Deine Chérie,

Jeanne

Der 10. April 1775

Meine Liebe,

Unser König hat mir freundlicherweise die Erlaubnis erteilt, dieses Kloster endlich zu verlassen. Mit einer Bedingung. Ich werde nie-

Non metterò mai piede alla corte reale. Ma perché dovrei voler tornare a corte? Non c'è nulla per me senza di te. Le sale di quel magnifico palazzo un tempo erano così invitanti; ma senza di te sarebbero fredde e ostili.

Ma non è stato facile convincere il re e la regina di questo. Ma alla fine ci hanno creduto. Domani partirò per Louveciennes. Il tuo bel regalo per me diventerà la mia futura casa. È stato un nido d'amore incredibile per noi e spero che quei ricordi felici

mals meinen Fuß an den königlichen Hof setzen. Aber warum sollte ich wieder vor Gericht gehen wollen? Ohne dich gibt es nichts für mich. Die Säle dieses prächtigen Palastes waren einst so einladend, aber ohne dich wären sie kalt und urteilend.

Aber es war nicht einfach, den König und die Königin davon zu überzeugen. Aber sie glaubten schließlich. Ich fahre morgen nach Louveciennes. Dein schönes Geschenk für mich soll mein zukünftiges Zuhause werden. Es war so ein unglaubliches Liebesnest für uns und ich hoffe, dass diese glücklichen Erinnerungen mir helfen

mi aiutino a continuare la mia vita da sola. Non posso fare a meno di sorridere quando ricordo quanto eri spensierato lì. È un luogo pieno di calore e dopo questo anno freddo è ciò di cui ho disperatamente bisogno.

Questa è la mia ultima lettera per te. Non posso vivere di nuovo se scrivo lettere a qualcuno che non è qui. E non posso amare di nuovo se mi aggrappo a te. Quindi ti lascerò andare. Ma conserverò sempre nel mio cuore i nostri ricordi felici insieme. Forse un giorno

werden, mein Leben allein fortzusetzen. Ich kann mir ein Lächeln nicht verkneifen, wenn ich mich daran erinnere, wie sorglos du dort warst. Es ist ein Ort voller Wärme und nach diesem kalten Jahr genau das, was ich dringend brauche.

Dies ist mein letzter Brief an Sie. Ich kann nicht wirklich wieder leben, wenn ich Briefe an jemanden schreibe, der nicht hier ist. Und ich kann nicht wieder lieben, wenn ich an dir festhalte. Also werde ich dich gehen lassen. Aber ich werde unsere glücklichen Erinnerungen immer zusammen in meinem Herzen tragen.

ci incontreremo incielo e
potrò riabbracciarti. Fi-
no ad allora...

Riposa in pace, amore
mio.

Vielleicht treffen wir uns eines Tages im Himmel und
ich kann dich wieder umar-
men. Bis dann...

Ruhe in Frieden, meine
Liebe.

CAPÍTOLO 11

Anni successivi
Spätere Jahre

Dopo la fine del suo esilio in convento, Jeanne si trasferì a Louveciennes, il grazioso castello che Luigi XV le aveva regalato agli inizi della loro relazione. Visse lì fino alla sua morte e, a detta di tutti, la sua vita fu piuttosto felice negli anni precedenti allo scoppio della Rivoluzione francese nel 1789. Intratteneva i suoi vecchi amici di corte e aveva anche due relazioni.

La prima relazione fu con un inglese di nome Henry Seymour che si era stabilito in un castello vicino con la sua giovane moglie. La loro fu una relazione tumultuosa e appassionata che non durò a lungo.

Nachdem ihr Exil im Kloster endete, zog Jeanne nach Louveciennes, dem schönen Schloss, das Ludwig XV. ihr in den frühen Tagen ihrer Beziehung geschenkt hatte. Sie lebte dort bis zu ihrem Tod, und allen Berichten zufolge war ihr Leben in den Jahren vor dem Ausbruch der Französischen Revolution im Jahr 1789 recht glücklich. Sie bewirtete ihre alten Freunde vom Hof und hatte auch zwei Affären.

Die erste Affäre war mit einem Engländer namens Henry Seymour, der sich mit seiner jungen Frau in einem nahe gelegenen Schloss niedergelassen hatte. Es war eine turbulente und leidenschaftliche Beziehung, die nicht lange anhielt. In ihren spä-

n tarda età si innamorò di un certo Duc de Brissac. Anche lui era sposato ma, come nella maggior parte dei casi all'epoca, la moglie non se ne preoccupò più di tanto. La relazione con Jeanne durò fino alla sua morte, avvenuta durante la rivoluzione del 1792.

In un certo senso la morte violenta del suo amante fece finalmente capire a Jeanne i pericoli dell'epoca, anche se rimase ottimista sul suo destino fino alla fine. Madame du Barry fu arrestata nel 1793 e accusata di aver aiutato i traditori che erano fuggiti dalla rivoluzione. Durante il processo, alcuni dei suoi collaboratori rilasciarono delle testimonianze che portarono alla sua condanna. Ingenuamente cercò di salvarsi rivelando l'ubicazione dei suoi costosi gioielli, ma fu co-

teren Jahren verliebte sie sich in einen gewissen Duc de Brissac. Auch er war verheiratet, aber wie in den meisten Fällen zu dieser Zeit störte es seine Frau nicht allzu sehr. Seine Beziehung zu Jeanne dauerte bis zu seinem Tod in den Wirren der Revolution im Jahr 1792.

In gewisser Weise ließ der gewaltsame Tod ihres Geliebten Jeanne endlich die Gefahren der Zeit erkennen, obwohl sie bis zum Ende optimistisch über ihr Schicksal blieb. Madame du Barry wurde 1793 verhaftet und beschuldigt, Emigranten geholfen zu haben, die vor der Revolution geflohen waren. Während ihres Prozesses machten einige ihrer Mitarbeiter Zeugenaussagen, die zu ihrer Verurteilung führten. Sie versuchte naiv, sich selbst zu retten, indem sie die Standorte ihres teuren Schmucks preisgab, aber sie wurde trotzdem durch die Guillotine zum Tode verurteilt.

munque condannata a morte per ghigliottina.

L'8 dicembre 1793 fu trascinata alla sua esecuzione. La folla si era radunata per assistere all'evento e Jeanne cercò disperatamente di convincerli ad aiutarla. Ma nessuno si precipitò a salvarla. Con un ultimo grido disperato, supplicò il boia.

"Solo un altro momento, Monsieur. Vi supplico!"

Ma il boia ignorò la sua supplica e la costrinse con forza alla ghigliottina. Poco dopo, con un forte sibilo, la lama cadde, tagliandole la testa. E Jeanne Bécu, Madame du Barry, non c'era più.

Am 8. Dezember 1793 wurde sie zu ihrer Hinrichtung geschleppt. Menschenmassen hatten sich versammelt, um das Ereignis zu sehen, und Jeanne versuchte verzweifelt, sie dazu zu bringen, ihr zu helfen. Aber niemand beeilte sich, sie zu retten. Mit einem letzten verzweifelten Schrei flehte sie den Henker an.

„Nur noch einen Moment, Monsieur. Ich bitte Sie!“

Aber der Henker ignorierte ihre Bitte und zwang sie grob zur Guillotine. Kurz darauf fiel die Klinge mit einem lauten Zischen herab und schnitt ihr den Kopf ab. Und Jeanne Bécu, Madame du Barry, war nichtmehr.

Buchtipps

Das Erste Italienische Lesebuch für Anfänger

Stufen A1 A2 Zweisprachig mit Italienisch-deutscher Übersetzung

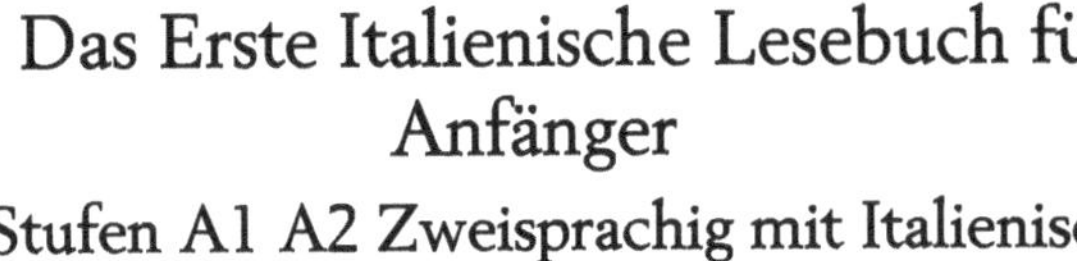

Das Buch enthält einen Kurs für Anfänger und fortgeschrittene Anfänger, wobei die Texte auf Deutsch und auf Italienisch nebeneinanderstehen. Die Motivation des Schülers wird durch lustige Alltagsgeschichten über das Kennenlernen neuer Freunde, Studieren, die Arbeitssuche, das Arbeiten etc. aufrechterhalten. Die dabei verwendete Methode basiert auf der natürlichen menschlichen Gabe, sich Wörter zu merken, die immer wieder und systematisch im Text auftauchen. Sätze werden stets aus den in den vorherigen Kapiteln erklärten Wörtern gebildet. Die Audiodateien sind online inklusive erhältlich.

Das Erste Italienische Lesebuch für Anfänger Band 2

Stufe A2 Zweisprachig mit Italienisch-deutscher Übersetzung

Dieses Buch ist Band 2 des Ersten Italienischen Lesebuches für Anfänger. Die dabei verwendete Methode basiert auf der natürlichen menschlichen Gabe, sich Wörter zu merken, die immer wieder und systematisch im Text auftauchen. Sätze werden stets aus den in den vorherigen Kapiteln erklärten Wörtern gebildet. Die Audiodateien sind online inklusive erhältlich.

Das Zweite Italienische Lesebuch
Zweisprachig mit Italienisch-deutscher Übersetzung
Stufen A2 B1

Ein Privatdetektiv ist hinter der Frau her, die er liebt. Ehemaliger Luftwaffenpilot, entdeckt er einige Seiten in der menschlichen Natur, mit denen er nicht zurechtkommen kann. Das Zweite Italienische Lesebuch ist ein zweisprachiges Buch für die Stufen A2 und B1. Die dabei verwendete Methode basiert auf der natürlichen menschlichen Gabe, sich Wörter zu merken, die immer wieder und systematisch im Text auftauchen. Die Audiodateien sind online inklusive erhältlich.

Erste Italienische Fragen und Antworten für Anfänger
Zweisprachig mit Italienisch-deutscher Übersetzung Stufen A1 A2

Das Buch enthält einen Kurs für Anfänger und fortgeschrittene Anfänger, wobei die Texte auf Deutsch und auf Italienisch nebeneinanderstehen. Die Lektionen sind in zwei Blöcke unterteilt: zweisprachige Texte und Verständnisfragen zu den Gesprächsinhalten. Das Buch enthält einige einfache Beispiele für Fragen und Antworten im Italienischen. Die dabei verwendete Methode basiert auf der natürlichen menschlichen Gabe, sich Wörter zu merken, die immer wieder und systematisch im Text auftauchen. Sätze werden stets aus den in den vorherigen Kapiteln erklärten Wörtern gebildet. Die Audiodateien sind online inklusive erhältlich.

Ängste und Hoffnungen von Thomas
Ausgewählte Italienische Kurzgeschichten
Zweisprachig mit Italienisch-deutscher Übersetzung
(Gestufte Italienische Lesebücher, Band 6)

Thomas war zu seines Vaters Beerdigung nach Georgia heimgekehrt. Er wurde informiert, dass er das ganze Vermögen bekommen würde, denn er war ein Einzelkind. Da passierten einige Ereignisse, die ihm eine Furcht einjagten. Die Audiodateien sind online inklusive erhältlich.